فن الكتابة والتعبير

الطبعة الأولى

1433هـ ــ 2012م

المملكة الأردنية الهاشمية
رقم الإيداع لدى دائرة المكتبة الوطنية
(/2012/)

عبد الجابر، سعود ... وآخرون
فن الكتابة والتعبير/سعود عبد الجابر ...وآخرون عمان: دار المأمون للنشر والتوزيع،
2012.
(200) ص
ر.أ: (/2012/).
الواصفات: /اللغة العربية//الكتابة/

❖ أعدت دائرة المكتبة الوطنية بيانات الفهرسة والتصنيف الأولية
❖ يتحمل المؤلف كامل المسؤولية القانونية عن محتوى مصنفه ولا يعبّر هذا المصنف عن
رأي دائرة المكتبة الوطنية أو أي جهة حكومية أخرى.

دار المأمون للنشر والتوزيع
العبدلي - عمارة جوهرة القدس
تلفاكس: ٤٦٤٥٧٥٧
ص.ب: ٩٢٧٨٠٢ عمان ١١١٩٠ الأردن
E- mail: daralmamoun@maktoob.com

فن الكتابة والتعبير

أ.د. سعود عبدالجابر د.
حسين عبد الحليم

د. إبراهيم صبيح
د. عبد الـلـه مقداد

د. أحمـد حمّاد
د. كامل ولـويل

دار المأمون للنشر والتوزيع

بسم الله الرحمن الرحيم

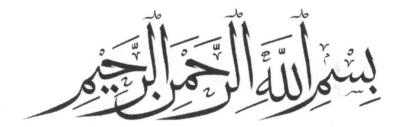

المقدمة

لا شك أن موضوع فن الكتابة والتعبير، من الموضوعات الأساسية في الدراسات الأدبية. وهو يهدف إلى بناء المهارات الكتابية والقدرات التعبيرية لدى الدارسين. ولقد تبين لنا من خلال التجربة والخبرة بواقع طلابنا سواء المختصين منهم باللغة أو غير المختصين أنهم بحاجة إلى بناء مثل هذه المهارات والقدرات. فهم بحاجة إلى كتاب جامع لأصول فن الكتابة الوظيفية والكتابة الإبداعية، كما أنهم بحاجة أيضاً إلى كتاب يعالج مهارات التعبير بحيث يمدهم بطاقة علمية تصلهم بلغتهم، ويبين لهم أساليب التعبير المتنوعة، ويكون مشوقاً وجاذباً لهم، كي يتابعوا نهل المعرفة من مظانها المختلفة.

ومن هنا جاء هذا الكتاب الذي بسطنا فيه موضوعات في الكتابة الوظيفية والكتابة الإبداعية وفي مجالات التعبير. وهي موضوعات كفيلة أن تزود الطالب بالمهارات الضرورية والقدرات الأساسية.

ويقع هذا الكتاب في عدة فصول، خصّ أولها باللغة والفكر. وتناول الثاني الكتابة والتعبير من شتى الجوانب. وتضمن الفصل الثالث القصة وعناصرها وأنواعها. ودار الفصل الرابع حول المسرحية ونشأتها، وخصائصها المميزة لها. أما الفصل الخامس فلقد عرض للمقالة ونشأتها وأنواعها. وجعل الفصل السادس للبحث وسماته ومراحل إجرائه والفصل السابع للرسائل وأنواعها وكيفية كتابتها. واستأثر الفصل الثامن بالكتابة الوظيفية وألوانها وخصائصها، أما الفصل التاسع فلقد تضمن فن الإلقاء ومجالاته وأنواعه. وعرض الفصل العاشر للمشكلات اللغوية والنحوية والإملائية والأخطاء في الترقيم.

ولا يفوتنا بعد هذا أن نؤكد لأبنائنا الطلبة أن هذا الكتاب ليس بديلاً للمكتبة بل يجب أن يكون حافزاً لهم للاستزادة من المعرفة والتوسع فيما يحتويه الكتاب من الآراء المختلفة من خلال ما تحتويه المكتبة من فنون متنوعة مختلفة.

و الـلـه من وراء القصد

الفصل الأول
اللغة والفكر

د. أحمد حمّاد

بسم الله الرحمن الرحيم

اللغة والفكر

سبحان الـلـه الذي خلق الإنسان علّمه البيان، وخلق فيه القدرة على التفكير والتعبير دون سواه من الحيوان.

إن العلاقة بين الفكر واللغة هي علاقة وطيدة، بل هما وجهان لعملة واحدة. فإذا سما الفكر سمت معه اللغة، وإذا انحطّ الفكر انحطّت معه اللغة.

ولقد منح الـلـه الإنسان عقلاً به يفكر ويدبّر، وأودعه جهازاً يفصح به ويبين. إن تحديد الروابط بين الكلام المسموع وبين الفكرة الهائمة في آفاق النفس البشرية، ما يزال يعتبر من أشد مباحث علم اللغة تعقيداً وأكثرها طرافة في آن واحد.

ونحن نعلم أن اللغة رموز صامتة يحدد بها الإنسان تجاربه الحسيّة والمعنوية. ولما كانت اللغة هي الوسيلة التي يعبّر بها الإنسان عن أفكاره وما يدور بخلده، وهي الوسيلة للتفاهم والتعامل مع أفراد المجتمع ولما كان الفكر المعبر عنه بهذه اللغة في تغير مستمر نتيجة للمؤثرات الخارجية ونتيجة للتقدم العلمي والتقني، وتطور ورقي المجتمعات وظهور المخترعات فلا بد أن تساير اللغة تطور هذا الفكر الذي تعبر عنه، إذن فالعلاقة بين الفكر واللغة علاقة وطيدة.

يقول العالم (دولاكروا)، (إن الفكر يضع اللغة في نفس الوقت الذي يصنع فيه من طرف اللغة[1]).

وكما نعلم أن اللغة هي عبارة عن نسق من الإشارات يمكن أن تستعمل للتواصل أو بمعنى آخر هي تلك القابلية التي يتوفر عليها الإنسان لاختراع الرموز بكيفية معتمدة نجد هنا أن اللغة خاصة بالإنسان وتختلف عن لغة الحيوان إذ يستخدم

(1) انظر عباس نور الدين- الفلسفة ص 14.

الحيوان الإشارات في تواصله مع الحيوانات الأخرى[1].

أما الفكر، فهو ذلك الوعاء الذي يحوي التصور والتخيل والذاكرة والذكاء، ومحرك الفكر هو الذكاء، والذكاء عند الإنسان لا يبلغ درجة الكمال إلا عندما يصبح عقلاً ونشاطاً تجريدياً يستعمل المفاهيم والتصورات بواسطة اللغة. فالفكر لا يستطيع أن يعبر عن شيء إلا بواسطة اللغة، لأن الله منح الإنسان فكراً وجهازاً لغوياً.

فوظيفة الفكر والتفكير ووظيفة الجهاز الصوتي النطق والتعبير ولا يكون ذلك إلا بلغة.

عرف ابن جنى اللغة فقال: (هي أصوات يعبّر بها كل قوم عن أغراضهم[2])، وهذا التعريف دقيق يتفق في جوهره مع تعريف المحدَثين للغة، فهو يؤكد الجانب الصوتي للرموز اللغوية، ويوضح وظيفتها الاجتماعية، وهو التعبير ونقل الفكرة في إطار البيئة اللغوية، وتؤدي وظيفتها في مجتمع معين، ولكل قوم لغتهم التي يعبرون بها عن أغراضهم.

فاللغة تختلف من مجتمع لآخر، وطريقة التفكير تختلف كذلك من بيئة لأخرى.

يتبين لنا من الناحية المبدئية أن التفكير سابق على اللغة فكثيراً ما تنبثق الفكرة في أذهاننا، ونبقى نبحث عن العبارات التي تؤديها كما أن استعمالنا لأكثر من لغة واحدة للتعبير عن المعنى الواحد يكشف لنا عن أسبقية الأفكار بالنسبة للوسائل اللغوية التي نعبّر بها.

ونجد أن سلوك الصم والبكم يتم عن تفكير سليم يتضح معه أن الإنسان بإمكانه أن يستعمل إشارات للتعبير عن أفكاره، ولكن الإنسان استعمل جهازه الصوتي لأنه الوسيلة الوحيدة التي بواسطتها يستطيع التعبير، فالإنسان البدائي قد ترك التعبير بواسطة الإشارات؛ لأنه اتفق أن التعبير بواسطة الجهاز الصوتي أفضل وسيلة، إذ لا

(1) انظر العلاقة بين اللغة والفكر د. أحمد حمّاد ص 17.

(2) الخصائص ابن جنى جـ 1 ص 33.

يستطيع أن يعبّر بالإشارة خاصة في الظلام.

وقد عرف أرسطو الإنسان بأنه حيوان ناطق وفسّر الناطق بالمفكر، وهنا نميز بين إشارات الإنسان والحيوان فنجد أن الإشارات عند الإنسان ناتجة عن فكر، فهو يعرف إلى ماذا يشير، وعن ماذا يعبّر بالإشارة، أما الحيوان فالإشارة عنده ناتجة عن اندفاع غريزي.

فاللغة هي الوسيلة الوحيدة للتعبير عن الفكر، لكن أسبقية التفكير من الناحية الزمنية لا تقتضي أسبقية من الناحية العملية بالنسبة للفرد الذي يعيش في وسط اجتماعي، ولا نستطيع أن نحدد فاصلاً زمنياً بين اللغة والفكر، فالطفل يتعلمهما في آن واحد، وهو يكتشف أفكاره في العبارات التي يستعملها. كذلك الشخص السويّ الكبير فإنه بعد أن يتعلم اللغة فلا يستطيع أن يفكر بدون لغة، فاللغة والفكر متداخلان يضم أحدهما الآخر، فإذا كان المعنى يؤخذ من العبارة، فإن العبارة ليست إلا وجوداً خارجياً للمعنى.

إذن فليس التفكير ظاهرة داخلية كما يزعم البعض، والذي يوهمنا بوجود تفكير بدون لغة إنما هي الأفكار التي يمكن استحضارها أثناء الصمت. والواقع أن هذا الصمت الظاهري إنما هو كلمات وألفاظ، ولقد ذهب (واطسن)[1] إلى التوحيد بين اللغة والفكر، فهو يرى أن الفكر ليس شيئاً أكثر من الكلام الذي بقى وراء الصوت، إنه كلام الحنجرة لا الصوت، وعندما يفكر الإنسان، فإنه يتكلم بالرغم من أن هذا الكلام لا يُسمع.

وأقول هنا إن الإنسان لا يمكن أن يفكر بدون لغة أياً كانت هذه اللغة. وليس هناك أدنى شك بأن التفكير في أغلب الحالات يقتضي استعمال اللغة.

إن الإنسان يستعمل اللغة. للتعبير عن رغباته الحسيّة والمعنوية، وقد استخدم الألفاظ للدلالة على هذه الرغبات وقد أكسبها دلالة معينة. فإذا نظرنا إلى ذلك من

---

(1) انظر التعبير والتفكير. شوشار ص 204.

11

زاوية الألفاظ المفردة فقط فإننا نجد أن كلاً منها هو مجرد علاقة مميزة لمعنى ما يريده المتكلم بهذه اللفظة. ونجد الإنسان عندما يبتدع هذه الألفاظ ينوّعها بناءً على ذلك للتمييز بين الأشياء والظواهر، ثم يختزنها لتكون في النهاية مؤونته من المعرفة، وعونه لتبادل ما يعرف مع غيره من أبناء مجتمعه[1]، والذي يدفع الإنسان إلى ذلك في الحقيقة هو أنه يعيش في مجتمع هو بحاجة إلى أن يتبادل معه الأخذ والعطاء في الماديّات والمعنويات جميعاً. وقيمة اللفظة في الحقيقة هو بمقدار ما تقدمه هذه اللفظة من وضوح وانتشار بين الناس. وكما يقول د. ظاظا يتبين أن اللفظة تشبه إلى حد كبير ورقة النقد في الاقتصاد[2]، لا بد أن يغطّيها قيمة اقتصادية من الذهب أو غير ذلك من القيم المصطلح عليها، وبدون هذا الغطاء فإن الورقة النقدية لا تخرج عن أن تكون قصاصة ورق لا حول لها ولا قوة، وكذلك فإن اللفظة أو الكلمة المسموعة أو المكتوبة التي لا تدل على دلالة معينة والتي لا تعطي معنى معيناً فإن هذه اللفظة لا قيمة لها في المجتمع تماماً كالورقة النقدية التي تخلو من الدعم. فهذه اللفظة أو تلك تظل بالنسبة للأفراد مجرد ضوضاء لا توّلد في العقل شيئاً.

فالمحتوى الفكري لألفاظ اللغة يظل ملكاً خاصاً لمن يستعملون هذه اللغة فقط، وهذا يختلف عن الفكر المطلق المستقل عن اللفظ فهو ملك للإنسانية جميعاً.

ونجد أن قيمة اللفظة تزداد كلما كانت دلالة تلك اللفظة شاملة عامة يتداولها غالبية الناس، فلو أخذنا كلمة (المعبد) فإن هذه الكلمة رمز لمكان تقام فيه الطقوس والشعائر الدينية من أي نوع كان. ولكن إذا قلنا كلمة (الكعبة) فإنها لا تدل إلا على بناء بعينه مقدس عند المسلمين ومكانه مكة المكرمة.

نجد هنا أن الأصل في وضع الألفاظ للدلالة على معقول أو متصور يتدرج فيه مالا يتناهى عن المحسوسات أو الأعيان. فإن كلمة رداء مثلاً وهو ما يلبسه الإنسان ليستر به نفسه، مهما اختلف طولاً واتساعاً، ومهما تعددت ألوانه وطرق تفصيله

(1)، (2) اللسان والإنسان- د. حسن ظاظا ص 69.

ومادته يستوى في ذلك الجلباب والعباءة والمعطف والجبّة والقميص والدشداشة وغيره، ولكي تكون الكلمة بهذا الاتساع ينبغي أن تكون التجربة الحسيّة التي استحدث منها قيمتها وكيانها بوصفها وحدة لغوية وتجربة متكررة على عينات كثيرة فيها من التشابه ما يكفي لجمعها تحت رمز واحد.

ومع ذلك يظل الاختلاف في الجزيئات والتفاصيل قائماً وممكناً في الإفهام فهو الذي يضمن للكلمة مرونتها في الدلالة وصلاحيتها للإحاطة بقدر ما من المعرفة الإنسانية العامة. وبهذه الطريقة يصبح التفاهم ممكناً بين الناس بعضهم وبعض. وإذا كانت مجموعة من ألفاظ لغة من اللغات هي تلك الرموز الإصلاحية الدالة على المتصورات المعروفة لدى أهل تلك اللغة فإن اللغة نفسها هي الكلام المركب المفيد. هو التصور الشفوي للنسب القائمة بين هذه المتصورات بعضها وبعض[1].

ولقد حظيت دراسة العلاقة بين الفكر واللغة بعناية علماء النفس والفلاسفة أكثر مما حظيت به هذه الدراسة عند علماء اللغة.

وبعد، فهناك سؤال وهو: هل يمكن أن يوجد الفكر دون أن توجد اللغة؟

وبعبارة أخرى أليس الكلام والفكر كلاهما مظهران لعملية نفسية واحدة؟

يقول سابير: للإجابة عن هذا السؤال يجب أن نفهم بوضوح أنه مع التسليم بأن الفكر في عملياته المختلفة في حاجة إلى رموز حيّة يتعلق بها، في حاجة إلى لغة على وجه التحديد، فإنه لا ينبني على ذلك أن يكون الكلام دائماً وأبداً صورة لعملية من عمليات الفكر في معناه الفلسفي الأعلى[2].

وليس معنى هذا أن اللغة تستعمل فقط في التعبير عن متصور بالمعنى الفلسفي. فإننا في الحياة اليومية العادية لا نهتم بالمتصورات قدر اهتمامنا بالواقع الملموس بالأمور الجزئية القائمة أمامنا وبالنسب التي تنشأ بينها أقوال أنه يمكننا أن نعتبر اللغة إدارة صالحة

(1) اللسان والإنسان- ص71.

(2) إدوارد سابير- اللغة – ص22.

للتعبير في كل الظروف النفسية والفكرية ابتداء من الواقع البسيط في الحياة العادية إلى الفكرة الفلسفية في كل تعقيداتها وعمقها. وفي كل هذه الحالات التي لا حصر لها ومهما اختلفت المواضيع ومهما اختلفت المستويات الفكرية فإن مادة التفاهم والجهاز الصوتي المطالب بالتعبير عن هذه المواضيع فإنه يبقى واحداً على الدوام.

وأقول إن العلاقة بين اللغة والفكر هي علاقة صحيحة وطيدة فالفكر، واللغة جسد واحد لا يحصل فكر بدون أن تحدث لغة ولا تحدث لغة دون أن يكون هناك فكر.

والفكر كما قال د.كمال الحاج: تعبير وراء الشفتين الصامتتين، الفكر حديث باطني، والحديث تفكير بصوت عال[1].

وبعد فإن اللغة بالنسبة للفكر هي عملية مصاحبة غير خالقة له، اللغة رفيق هذا الفكر. لذا لا يمكن تصور فكر بدون لغة.

(1) فلسفة اللغة. د. كمال الحاج ص 24.

تطور اللغة مع تطور الفكر

لقد قلنا إن اللغة هي وعاء الفكر تحفظه وتعبر عنه وترقى برقيّه، وهنا سنظهر العلاقة الوطيدة بين اللغة والفكر، حيث نجد أنه عندما ينمو الفكر ويتطور فإنه سيأخذ بيد اللغة معه وسيطورها لتكون هذه اللغة خليقة للتعبير عن هذا الفكر السامي المتطور. إن الفكر هو ذلك السر البشري المتطور دائماً المتطلع إلى الكمال، هذا الفكر يحتاج في رحلته هذه إلى لغة لتعبّر عنه، إذن لا بد لهذه اللغة من السموّ والتطور إلى الدرجة التي تلتقي فيها مع هذا الفكر. وإن الكلام ظاهرة مرافقة للفكر، وهذه أمثلة لبعض الألفاظ طوّرها الفكر من ألفاظ حسيّة إلى ألفاظ مجردة، وذلك لتعبّر عن نموّه وتطوره.

لو أخذنا كلمة (الروح) فأصلها من نفس مادة الريح، وهو الهواء، ثم النفَس الذي يتردد في صدر الإنسان شهيقاً وزفيراً، وقد سمّي كل ما تحمله الريح وتحض أن يشم الإنسان عند التنفس رائحة، وسميت الراحة لليد لاتساعها وانبساطها، ولما كان تردد الريح في صدر الإنسان هو أوضح العلامات على أنه حي لم يمت اشتق من ذلك لفظ الروح بمعنى سر الحياة المجرد المبهم في الكائن الحي ولاشتقاق الروح من الريح جاء لفظها في القرآن الكريم مستعملاً مع الفعل نفخ. في قوله تعالى: (فَنَفَخْنَا فِيهَا مِنْ رُوحِنَا) [التحريم: 12] وهناك أمثلة كثيرة منها (العقيدة) ومنها (العقل) و(الشرف) وغيرها كثير.

من هذه الأمثلة يتضح لنا أن كل ما في اللغة من اشتقاق أو توسيع أو تضييق في الدلالة، أو نقل لها من المحسوسات إلى المعنويات إنما كل ذلك من صنع البشر، وهذا نتيجة حتمية لتطور الحياة وتطور الفكر، وبهذا نجد أن اللغة نمت وتطورت مع الفكر لتكون أداته المعبّرة عنه، وفي ذلك يقول سابير (إننا نفكر دائماً من خلال ألفاظ

نستحضرها في أذهاننا)[1].

وفي الحقيقة أن اللغة هي الواقع المباشر للفكر، أي أن جوهر الفكرة يعلن عن نفسه بواسطة الألفاظ، ولا وجود للأفكار خارج نطاق من اللغة، وأن الاتصال الأبدي بين الفكر واللغة أوجد حالة اعتماد كلي من الفكر على اللغة بحيث أصبح الإنسان غير قادر على جمع شتات الفكر على اللغة، إلا داخل أسوار اللغة، وبهذا نجد أن اللغة هي المادة الطبيعية للفكر.

وصدق الـلـه العظيم حيث قال: (خَلَقَ الْإِنْسَانَ (3) عَلَّمَهُ الْبَيَانَ) [الرحمن: 3 - 4]. والبيان هنا هو الإعراب عمّا في النفس وعمّا يدور في الفكر بواسطة اللغة، وهذا يؤكد لنا ما سبق ذكره من العلاقة اللزومية بين اللغة والفكر.

(1) المرجع السابق.

المراجع

1- الخصائص: ابن جني، ج1 مطبعة دار الكتب المصرية القاهرة.

2- العلاقة بين اللغة والفكر: د. أحمد حمّاد، دار المعرفة الجامعية، إسكندرية 1985.

3- اللغة: سابير (إدوارد) ، باريس 1953.

4- في الأدب والنقد واللغة، د. أحمد حماد وآخرون.

5- في فلسفة اللغة، د. كمال الحاج، دار النهار بيروت، 1967.

6- الفلسفة، د. عباس نور الدين، دار الفكر، دمشق.

7- اللسان والإنسان، د. حسن ظاظا، دار المعارف، القاهرة 1971.

الفصل الثاني
الكتابة والتعبير

د. كامل ولويل

ما الموضوع؟

هو الفكرة العامة التي نريدها، قد يكون جولة في عدة بلدان وتسجيل مشاهدتنا فيها، وربما يكون بحثاً علمياً وصلنا فيه لنتائج معينة، وربما تعليقاً على أديب نتناول فيه شعره فنذكر له مواطن الحُسن والجمال أو ما شابه ذلك من اضطراب في الأوزان أو المعاني أو اللفظ أو التناسق، أو مقالة سياسية معبرة عن واقع معين مع ذكر أسبابه ونتائجه، أو وصفاً لنزهة قام بها بعض الأصدقاء إلى منطقة جبلية تفجرت فيها عيون الماء، فيدونون ما قاموا به وما شاهدوه وما أثّر في نفوسهم، وقد يكون خطبة ذات صلة وثيقة بأحداث المجتمع ويريد الخطيب التأثير في النفوس لتتحرك وتؤدّي واجباً.

والمهم في الأمر كله وجود الفكرة العامة ذات الفروع المُتعددة، فالفكرة شجرة كبيرة وارفة الظلال، ولها أفكار صغيرة تماثل الأغصان في تفرّعها واتجاهاتها في مختلف المجالات، ولهذا الموضوع عنوانه كما للشجرة اسمها، ويحتاج الموضوع إلى معلومات بالموضوع، كما تحتاج الشجرة إلى تهيئة الأرض، وتوفير المياه، والمكان المناخي الملائم والبذور والحماية.

إذن الموضوع: أفكار كثيرة، ولكنها تدور حول فكرة عامة، أو مغزى عام، منها ما يكون كتاباً كاملاً مثل: أشراط الساعة وأسرارها للأستاذ محمد سلامة جبر، واللغة العربية في وسائل الإعلام للدكتور كامل جميل ولويل، وأدب الأطفال للأستاذة حنان عند الحميد العناني، وكتاب مع المتنبي للدكتور طه حسين، وكتاب الصدّيق أبو بكر للأستاذ محمد حسين هيكل، وكتاب تيسير الإنشاء للدكتور خليل هنداوي، وكتاب التعبير الفني للدكتور محمد غازي التدمري وهكذا.

ومنها ما يكون مقالةً قصيرةً أو طويلة، مثل المقالات اليومية أو الأسبوعية في الصحف والمجلات والدوريات، ونحن نقرأ باستمرار المقالات السياسية، والاجتماعية واللغوية. وكما نقرأ مقالات الطلبة في موضوعات شتى؛ فنجد بعضها طويلاً والآخر قصيراً.

تنظيم الموضوع

إنَّ أيّ موضوع نتحدث فيه أو نكتبه يتكون من الأركان التالية:-

1- العنوان: وهو كلمات معدودة أو كلمتان أو كلمة واحدة، وهي رأس الموضوع وهي الدالة عليه، مثل: الفخر في شعر المتنبي، الأنسولين وآثاره الطبية، رحلة للحج والعمرة، الصحافة المعاصرة.

وللعنوان خصائصه وسنبيّنها بعد ذكر الأركان موجزةً.

2- المقدمة: وهي الجمل الأولى التي تفتح الطريق للموضوع، وهي جمل قصيرة ذات معان مكثفة، ويستطيع قارئها أن يلم بالأفكار العامة للموضوع منذ ينتهي من قراءة المقدمة، وتتنوع المقدمات بتنوع أفكار الموضوع، ولا تزيد المقدمة في الموضوعات القصيرة ذات الصفحة والصفحتين عن ثلاثة أو أربعة أسطر، إنه فقرة واحدة.

3- العَرض: وهو شرح جوهر الموضوع، وهو صلبه ومادته وأفكاره العديدة وهو يضمّ فقرات متعددة، وتكون الفقرة على الأغلب إطاراً لفكرة واحدة محددة، ويتكون العرض من عدة أفكار، وهذا يتطلب من الكاتب قدراً من الوعي والإلمام ليستطيع التعبير عن هذه الأفكار بقوة وجدارة، ويستطيع أن يطرق الموضوع من أبوابه المختلفة، وهذا يحتاج إلى قدر من المعاني، وأسلوب مناسب لمناقشتها وبيان صوابها وحسنها، ولذلك يحتاج كاتب العرض إلى ذكر أمثلة عديدة ليقوي موضوعه.

4- الخاتمة: وهي خلاصة الموضوع، وتركيز على نقاطه الجوهرية، وغالباً ما يكون إطارها فقرة واحد، ويبين الكاتب فيها المغزى من موضوعه، ويثبتِ حكماً أو قاعدة أو رأياً قدّمه وعرضه، وينصح الكاتب عادة بعرض اقتراح يساعد

الباحثين على استجلاء نقطة، أو الإيفاء ببحث، أو استيفاء غرض من أغراضك التي بحثتها ولم تعدل فيها إلى أشياء واضحة ومحددة، فتريد من غيرك أن يسهم بجهده ليأتي بجديد من عنده، وقد اعتاد بعض الكتاب ذكر آيات من كتاب اللـه تبين صواب ما بحث، أو يذكر حكمه من أقوال النبي ﷺ أو السلف العلماء.

أمثلة ومناقشتها

سنورد أمثلة للعناوين والمقدمات والعروض الخاتمات لنرى كيف عالج أصحابها هذه القضايا، ولنرى نجاحهم في هذه الأركان الرئيسية للموضوعات المختلفة.

1- العنوان

العنوان الممتاز هو ذو الكلمات المعدودات، وهو المشوّق للقارئ، ويجب أن تكون لغته صحيحة سليمة، وذا تعبير مؤثر يدعو القارئ لخوض غمرات البحث، وأن يمثل بحق الموضوع كله، فلا يجوز أن يكون العنوان عن فصل الربيع بينما العَرْض لا يتناول الربيع إلا قليلاً، ويتشعب لكل الفصول، ثم يدخل السياسة والصحافة والحالات الاجتماعية في العرض، فلا تدري ماذا يريد، وإلى أي هدف يقصد:

افرض أن أحدنا أعجب بهذا البيت من الشعر وهو:-

بلادي وإن جارت عليَّ عزيزة   وأهلي وإن ضنوا عليَّ كرامُ

وطلب إلى أبنائه الدارسين أو إخوانه أو محبي هذه اللغة أن يذكروا عنواناً مختصراً لموضوع هذا البيت، فماذا نكتب؟

لقد قمت بهذه التجربة في شعبة لفن الكتابة والتعبير، فكانت عناوين الموضوع لدى الطلبة متقاربة، وإن كان مدى التشويق فيها متفاوتاً، قالوا:

الوطن عزيز، الوطن والأهل أغلى ما نملك، لا ظلم مع الوطنية، أهلي ووطني، الوطن والأهل، بلادي وأسرتي، المَيْل للأهل والوطن، وهكذا.

هذه العناوين متقاربة، وتقع جميعها ضمن معاني بيت الشعر، ولم تقع فيها أخطاء إملائية أو لغوية أو نحوية، لكن بعضها يشمل معاني أكثر من بعضها الآخر، فعنوان الوطن والأهل، شامل لمختلف معاني البيت، وأما عنوان: لا ظلم مع الوطنية، فقد أسقط الأهل، وأميل في ختام القول إلى عنوان: أهلي ووطني، فقد ضم صاحب هذا

العنوان نفسه إلى الأهل والوطن، فالمضاف والمضاف إليه في اللغة العربية يُعدّان كالشيء الواحد.

أسئلة في العنوان: هذه عناوين متفرقة، اخترتها من كتب أدبية وتاريخية وغيرها، حاول أن تعرف من العنوان جوهر الموضوع، وأهدافه، على قدر ما تستطيع:

1. التحدي بالإعجاز.
2. المبتدأ والخبر في القرآن الكريم.
3. بين الحقيقة والخيال.
4. الارتباك بين اللغة والدين.
5. التدخين سرطان العصر.
6. مع أبي العلاء في سجنه.
7. التآكل البطيء.
8. الأرض الخراب.
9. الثقافة المعاصرة.

إن من هذه العناوين عناوين محددة، تبيّن لك الموضوع الذي تناوله الكاتب بسهولة ومنها ما هو عام جداً واسع جداً لا تستطيع أن تحدد به الموضوع، ولكنها تشترك جميعها في الإيجاز والتشويق وسلامة اللغة، هل تستطيع أن تكتب فقرة واحدة عن كل من العناوين السابقة، إن للمحاولة قيمتها واعتبارها.

2- المقدمة

تحدثنا فيما سبق عن المقدمة كركن من أركان الموضوع، وذكرنا بعض خصائصها، وننتقل الآن لناحية تطبيقية، ونضع أمام أنفسنا هذه الأسئلة:-

هل تنسجم المقدمة مع العنوان؟ كيف نبني مقدمة قوية؟ ما الدور الذي تؤديه المقدمة ضمن الموضوع؟

وللإجابة على ذلك يجب أن ننظر في حصيلة المعارف السابقة عن موضوعنا

والمعلومات المتوافرة لدينا، ونجعل لكل معرفة رئيسية أو لكل مجموعة مهمة من المعلومات فكرة ونخصص لها جملتين أو ثلاثاً تعبر عن هذه المعرفة أو تلك المعلومات، ونحرص في أثناء وضع الجمل على عنصر التشويق فيها، وعلى عامل الجذب، فإن المقدمة تحسّن السبيل للقارئ وتمهّد له الخوض في الموضوع، كما نحرص على التناسق بين المقدمة والعنوان بحيث يؤدي كل منهما إلى فكر موحد، فإن التناقض أو اختلاف المعنى سيجعل القارئ مرتبكاً، وسوف يشتت ذهنه، كما يحسن بنا مراعاة المثل العربي (لكل مقام مقال)، فالمقال لطلبة الجامعة يختلف عن المقال لفئة من الموظفين المخضرمين، ويختلف عنهما إن كان موجهاً للأطفال، إن المقصود بموضوعك عمراً وثقافة وإدراكاً وعملاً مهم جداً، ويجب أن يدخل بحسبانك؛ ولتكن عباراتك واضحة محددة المعاني بعيدة عن الإبهام والغموض، إنك تكتب بلسان عربي مبين، فالإبانة شرط أساسي من شروط الكتابة.

إن حجم المقدمة يعتمد على حجم الموضوع نفسه، فإن كان الموضوع كتاباً كانت المقدمة صفحتين أو ثلاثاً أو أكثر قليلاً، ولكن إذا كان الموضوع صفحتين أو ثلاثاً فالمقدمة فقرة واحدة تتكون من ثلاثة أسطر أو بضعة أسطر، إن الإيجاز في المقدمة من خصائصها المتميزة.

أمثلة من المقدمات:

(أ) في الكتب

1) قدم الأستاذ خليل هنداوي كتابه (تيسير الإنشاء) بما يأتي:-

لا نأتي بجديد إذا قلنا: إن الإنشاء هو غاية هذا الجهد المتواصل مدى أعوام طويلة في تعلم اللغة العربية.

2) وقدمت الأستاذة حنان عبد الحميد العناني كتابها (أدب الأطفال) بما يأتي:-

على الرغم من كون أدب الأطفال أدباً حديثاً نسبياً، إلا أننا نلاحظ بوضوح الاهتمام العالمي بهذا النوع من الأدب، وذلك لأثره البالغ في تنمية شخصية الطفل

المتكاملة.

3) وقدم الدكتور كامل جميل ولويل كتابه (اللغة العربية في وسائل الإعلام) بما يأتي:-

إنّ عملي المستمر في ميدان اللغة العربية في التدريس والتوجيه وغير التدريس والتوجيه أكسبني القدرة على مواجهة مشكلات اللغة سواء أكانت في كتب اللغة أم كانت شفوية، لقد خضتُ تجربةً حديثةً غنيةً، إنها تجربة تدور حول أساليب اللغة في وسائل الإعلام؛ وقد قصدتُ فيها إلى تقدير مدى ارتباط هذه الأساليب الناشئة بلغتنا العربية الفصيحة.

4) وقدم الأستاذ حسن عبد الرزاق منصور كتابه (مشكلة الضعف في الإملاء)، بما يأتي:-

لا نبالغ إذا قلنا إن مشكلة العجز في الكتابة لم تكن موجودة قبل خمسين سنة بحكم أن أسلوب تعليم اللغة كان منسجماً مع طبيعة هذه اللغة.

وقال: الحرف العربي لا بد أن يكون في حالة حركة، وليس جامداً، ولذلك أُلحقت به إشارات هي الرموز لحركة الحرف.

ملاحظة: أقل مقدمة في المقدمة السابقة كانت في صفحتين.

(ب) في المقالات

1) قدم كاتب مقالة (الإعجاز والتحدي) قدمها بما يأتي:-

القرآن الكريم ذو لغة وأسلوب متميزين، وقد تحدى البشر أن يأتوا بمثله أولاً ثم بعشر سور مثله، ثم بسورة من مثله، فعجز العرب وأمم الأرض عن ذلك، فكان شهادة للرسول ﷺ بأنه النبي المرسل للبشرية، وهذا بيان في ذلك.

2) وقدم كاتب مقالة (التلفزيون بين النقد والتجني) بما يأتي:-

يتعرض التلفزيون للنقد خاصة في شهر رمضان، بعض هذا النقد مبرر، والآخر

فيه من التجني الكثير، لأن الوصول إلى رضا الجميع غاية يصعب الحصول عليها.

3) أما جورج بول صاحب مقالة: الولايات المتحدة أمام قوتها، فقد قدمها بما يأتي:-

هل يمكن للولايات المتحد أن تكون أقوى دولة في العالم وأن تمارس هذه القوة وتبقى في الوقت نفسه ضمن النظام البشري؟

ملاحظة: لم تتجاوز مقدمة المقالات ثلاثة أسطر؛ لأن المقالات قصيرة.

3- العرض

ذكرنا في (تنظيم الموضوع) بعض خصائص العرض، ولكنّا نذكرها الآن بشيء من التفصيل والأمثلة.

علينا أن نتذكر أن كلمة العَرْض هو إظهار الشيء، يقال عَرضتُه له، أي أظهرته له وأبرزته إليه، والعَرْض أيضاً هو الأشياء المادية كالبيت والأرض والشجر، ومن هنا سمي لب الموضوع وجوهره (العَرْض)؛ لأنه هو السبب في إظهار الموضوع إظهاراً قوياً ولا يستكمل هذا الإظهار إلا بالأخذ بعدة شروط منها:

1. الأفكار: يتكون العرض من أفكار عديدة، وتعتمد الكثرة على تشعب الموضوع وشموليته، وكل فكرة تحتاج إلى دليل أو برهان يسندها أو أمثلة توضحها، فالمقالة التي تناولت الإعجاز والتحدي تضطر الكاتب إلى جميع الآيات المتعلقة بالإعجاز أو أكثرها كما تضطره إلى بيان مواقع الآيات في القرآن الكريم ومناسبة نزولها، وبيان قيمة التحدي فيها، على الكاتب أن يذكر مجابهة قريش للإعجاز القرآني وفشلها، وعليه أن يذكر مواقف لبعض المشركين الأشدّاء الذين تحوّلوا إلى مؤمنين قانتين بعد سماعهم آيات القرآن تتلى، وعليه أن يذكر تلك المعارك التي خاضتها قريش ضد النبي ﷺ ولم يستطع شعراؤها وخطباؤها وأهل الرأي فيها أن يأتوا بشيء من القرآن، وفكرة النمو الاجتماعي تحتاج إلى إحصائيات وذكر شرائح مختلفة من المجتمع، والفكرة السياسية تحتاج لذكر الاجتماعات السياسية أو المعاهدات والأحداث السياسية أو غير ذلك.

2. الفقرات: كل فكرة جزئية من العرْض تُذكر في فقرة واحدة، فالفقرة إطار للفكرة الجزئية، ونستطيع أن نعد أفكار الموضوع من فورنا إذا عددنا الفقرات، ولا بد أن تكون هذه الفقرات محددة في حجمها وبدايتها ونهايتها، وربما تطول وربما تقصر، إذ لا يوجد بين أيدينا معيار محدد للطول أو القصر، لكن ضمن المقالة اليومية في الصحف أو المقالة للطلاب فيحسن أن تكون الفقرة قصيرة، لأن الناظر للفقرة يدرك أنها تتضمن وحدة معنوية من الموضوع، أي فكرة واحدة، ونلاحظ الآن وقوع الفقرة في خمسة أسطر تقريباً، ولا بأس من الزيادة أو النقصان، وربما تصل إلى نصف صفحة وغاية الأمر أن تكون الفقرة معبرة بوضوح عن جزء من رأي الكاتب ومنطقه وشعوره وعاطفته.

3. الجمل واللفظ: قد تكون الجمل سردية تقديرية أي تأخذ المعاني برقاب بعضها بعض، فالأولى تؤدي إلى الثانية، والثانية إلى الثالثة، وقد تمتزج بشيء من الاستفهام والتساؤل والتوكيد، والتعجب، وقد تكون تفسيرية أو بدليّة وغير ذلك.

والترقيم من ضرورات هذه الجمل، كما أن اختيار اللفظ المناسب هو من الضرورات أيضاً، واللفظة الفصيحة هي الشائعة الاستعمال الموافقة للقياس اللغوي البعيدة من الإعراب، وأمثلتها كثيرة جداً، فالقرآن يشتمل على أكثر من (70) ألف كلمة وربما يكون أكثر من ذلك من الكلمات في الأحاديث الشريفة، وقد ألّف أحد أئمة اللغة كتاباً في فصاحة اللفظ اسمه (اللفظ الفصيح)، وقد ضمّنه معلومات متنوعة عن الكلمة الفصيحة وشيوعها.

4. الوحدة العضوية: يجب أن تتفاعل الأفكار مع أُطرها الجميلة واللفظية والفقرية لتبرز بصورة موحدة ومتآلفة، فوحدة الموضوع هي المقصد الأساسي من الكتابة، لذلك من الضروري أن تتعانق الأفكار من أولها إلى آخرها من غير تناقض أو اضطراب لتبدو كأنها جسم واحد، وهذا الجسم يتكون من أعضاء كثيرة متجانسة ضمن الجسم الواحد الكبير. إن الوحدة العضوية الموضوعية من

ضرورات العَرْض، وإذا فقدنا الوحدة الموضوعية وتجانس الأفكار وتعانقها فقد فقدنا الموضوع الصحيح الذي نبتغيه.

4- الخاتمة

للخاتمة خصائص معينة كما للعنوان والمقدمة والعَرض خصائصها المعينة، وهذه أبرز خصائصها:-

(1) هي نهاية الموضوع، وهي آخر انطباع للقارئ عن كتابك أو مقالتك، فكيف تحب أن يكون الانطباع؟ إن المقدمة بداية ولكن الخاتمة هي النهاية، فعلى الكاتب أن يحدد التصور الذي سيحمله القارئ عن موضوعه في الخاتمة.

(2) الخلاصة: إنَّ الخاتمة تتضمن خلاصة الموضوع، فالتكثيف في الخاتمة من خصائصها الأكيدة، وعلى الكاتب أن يحدد الأفكار الرئيسة التي تناولها في الخاتمة، عليه أن يبين للقارئ غاية أهدافه ومغازيه، ومعانيه المهمة.

(3) الاقتراحات: لا بد أن يظن الكاتب بقارئ موضوعه ظناً حسناً، ولذلك يضع لهذا القارئ اقتراحاً يبين فيه بعض المشكلات التي صعبت عليه ويرجو أن يكمل غيره فيها المسيرة، إن الكاتب الجيد يفتح الطريق باقتراحه لمن بعده.

(4) الإيجاز والاختصار من خصائص الخاتمة، فإنه لا مجال هنا لمناقشة الأدلة والمعلومات والإحصائيات، بل الغرض ذكر أفكار عامة بأقل ما يستطيعه الكاتب من الجمل والفقرات.

(5) يحسن الاقتباس أحياناً، وأحسن قول نقتبسه هو قول الـلـه جلّت قدرته، أو قول رسوله الكريم ﷺ، لأن النور الإلهي يظل له أثر لا يخبو؛ وقد يعجبك أن تجد كاتباً شعر بالسعادة إذ أنهى موضوعه فاقتبس قوله تعالى: (وَقَالَ رَبِّ أَوْزِعْنِي أَنْ أَشْكُرَ نِعْمَتَكَ الَّتِي أَنْعَمْتَ عَلَيَّ وَعَلَى وَالِدَيَّ وَأَنْ أَعْمَلَ صَالِحًا تَرْضَاهُ) [النمل: 19]، فيردد القارئ مع هذه الجمل القرآنية: **رب أوزعني أنا كذلك أن أشكر نعمتك، آمين.**

الفصل الثالث
القصّة

د. سعود عبد الجابر

القصّة

تعد القصّة من أكثر الفنون عراقة في تاريخ البشرية. ولقد ردّدها الأقدمون شفاهة على شكل أساطير فسّروا بها مظاهر الحياة التي رأوها تفوق قدراتهم ومداركهم. وظلّت القصّة على مرّ العصور مجالاً خصباً يصوغ فيه الإنسان أحلامه وآماله، ويبلور من خلالها تجاربه وحكمته في شكل حكايات، ومأثورات شعبية تتوارثها الأجيال.

ويمكن القول: إن للقصة معنيين: أحدهما السرد والإخبار. وهما يقومان على إتباع الخبر بعضه بعضاً وسوق الكلام شيئاً فشيئاً. والثاني الفن الأدبي الذي يجعل لها تركيباً معيناً تتحرك خلاله الشخصيات. وتنمو الحوادث وتترابط العناصر القصصية على خطة مقصودة وتدبير محكم من خارج القصّة نفسها، أي بقصد من القاص وتدبيره ووعيه[1].

فالقصّة بالمعنى العام أي بمعنى السرد والإخبار قديمة قدم الإنسان نفسه. وأما القصّة بمعناها الفني فهي وليدة القرن التاسع عشر أو ما قبله بقليل. فلقد نضجت مع نضج الفكر الإنساني، ونشأة المذاهب الأدبية والفنية. فتنوعت أشكال القصّة وتحددت مقوماتها وخصائصها الفنية التي جعلت لها تميزاً عن باقي الفنون الأدبية[2].

ويمكن القول: إن القصّة الفنية هي: مجموعة من الأحداث يرويها الكاتب وهي تتناول حادثة واحدة، أو عدة حوادث تتعلق بشخصيات إنسانية مختلفة، تتباين أساليب عيشها وتصرفها في الحياة، على غرار ما تتباين حياة الناس على وجه الأرض، ويكون نصيبها متفاوتاً من حيث التأثر والتأثير[3].

(1) فن القصة- أحمد أبو سعد- ص 7 منشورات دار الشرق الجديد- بيروت 1959.

(2) المصدر نفسه ص 7.

(3) فن القصة- د. محمد يوسف نجم- 9- دار الثقافة بيروت- لبنان 1995.

ولقد ساعدت الصحافة في العصر الحديث على انتشار الفنون الأدبية، ومن ضمنها فن القصة بصورته المستحدثة حتى أصبح من أحب الفنون وأكثرها إيثاراً عند القرّاء. ولقد بلغت القصة قمة النضج الفني في القرن العشرين. وأصبح لها مقومات وأصول تجعلها في مستوى سائر الفنون الأدبية القديمة.

ولقد عرفت القصة في الأدب العربي القديم على شكل سرد وحكايات دارت على سير الأبطال، وأساطير الأوّلين والعشّاق. فالعرب منذ العصر الجاهلي قد كان لهم قصص وأخبار تدور حول الوقائع الحربية. وتروي أساطير الأوّلين. (وفي العصر الأموي نمت القصة وتضخّمت حتى أصبحت عملاً رسمياً يعهد إلى رجال رسميين يتقاضون عليه الأجر[1]).

وتطورت القصة في العصر العباسي وتنوعت وغنيت مضامينها وأساليبها، فظهرت قصص حظيت بشهرة واسعة مثل قصص ابن المقفع في كليلة ودمنة، والجاحظ في البخلاء، ومقامات بديع الزمان الهمداني، والحريري، وألف ليلة وليلة، ورسالة الغفران لأبي العلاء المعرّي. هذا بالإضافة إلى القصص الشعبية، وملاحم البطولة التي اتخذت لها شكل الرواية، وأشهرها في العصر العباسي سيرة عنترة، وسيرة بني هلال، وغيرها من الروايات، كما أن القصّة قد وجدت في الأدب الأندلسي مثل قصّة حي بن يقظان لابن طفيل، ورسالة التوابع والزوابع لابن شهيد وهي قصة خيالية.

ونرى أن القصة الأدبية قد وجدت جذورها عند العرب قديماً وبالصورة نفسها التي وجدت عليها عند الغربيين. بل هناك من يرى أن الغربيين أنفسهم في بدء نهضتهم مدينين بقصصهم للعرب، ومن هؤلاء المستشرق الإنجليزي جب، الذي يؤمن بأن (قصص العرب وآدابهم كانت بدء انقلاب هام في تاريخ الأدب الأوربي في مطلع

---

(1) الأدب العربي الحديث- د. سالم الحمداني ود. فائق مصطفى – 342- جامعة الموصل 1987.

القرن السابع عشر)[1].

ولقد بدأت القصة في الأدب العربي الحديث باستلهام القصص العربية القديمة كما فعل الشيخ ناصيف اليازجي في (مجمع البحرين)، ومحمد المويلحي في (حديث عيسى بن هشام)، وحافظ إبراهيم في (ليالي سطيح)، ثم أخذت القصّة بالتأثير بالقصّة الأوربية الحديثة، كما صنع جبران خليل جبران في (الأجنحة المتكسرة)، ومحمد حسين هيكل في (زينب).

وأخذت القصّة بالتطور في الأدب العربي وارتبطت بالمجتمع وتصوير مشكلاته وقضاياه، ونقد ما فيه من سلبيات، وما أن أوشك القرن الماضي على الانتهاء حتى أخذ فن القصة العربية يتأصل ويصبح فناً عربياً. (وظهرت الرواية العربية وتطورت من مرحلة المحاكاة والتقليد إلى مرحلة الإبداع، وتنوعت اتجاهات الكتاب الروائيين. واختلفت باختلاف الظروف زماناً ومكاناً[2]).

---

(1) فن القصة - أحمد سعيد 44.

(2) الرواية في الأردن في ربع قرن - 1968 - 1993- د. إبراهيم خليل- 5 - عمان 1994.

عناصر القصّة

يرى أغلب النقاد أن فن القصّة لا يستوي حتى تتوافر له عناصر يرتكز عليها وهذه بعض العناصر الأساسية التي يقيم كاتب القصّة البناء الفني لقصّته من خلالها، والتي يجب أن تحتويها، وهي:

1. الحدث.
2. الأشخاص.
3. البيئة أي الزمان والمكان.
4. العقدة الفنية.
5. الأسلوب.
6. الغاية أو الفكرة التي تصنع القصة من أجلها.

1. الحدث: هو موضوع القصة، ويبدعه المؤلف من خياله، أو مما وقع له في الحياة، أو عرفه بأسلوب من الأساليب. ويجب أن يعرضه بطريقة منتظمة ومرتبة دون تكلف. ولا يشترك في الأحداث أن تكون أحداثاً كبرى أو متعلقة بشخصيات عظيمة. ويستوي أن يتخذ القاص موضوع قصّته من الأحداث العظيمة أو الأحداث الصغيرة، (فلا وجود لموضوعات نبيلة وأخرى غير نبيلة، ومردّ الأمر في ذلك إلى الحياة ومطالبها[1]).

وليس هناك من طريقة محددة يجب على القاص أن يتبعها في عرض أحداث القصّة، (فقد يبدأ قصّته من أول أحداثها ثم يتطور بأحداثه وشخوصه تطوراً أمامياً متبعاً المنهج الزمني. وقد تبدأ القصّة بنهايتها، فيصّور الحادثة، ثم يعود بنا إلى الخلف كي نكشف الأسباب والأشخاص. وقد يتبّع أسلوب اللاوعي والتداعي، فيبدأ من

(1) النقد الأدبي الحديث- د. محمد غنيمي هلال – 506- دار نهضة مصر للطبع والنشر- القاهرة.

نقطة معينة ويتقدم ويتأخر حسب قانون التداعي، وقد يترك لبطل القصة الحديث عن نفسه ليخلق الشعور بالألفة)[1].

2. الأشخاص: يقصد بالأشخاص الأناس الذين تدور حولهم حوادث القصّة. ويصوّر الأشخاص في القصّة الجيّدة تصويراً مقنعاً. فنراها تتحرك وتعيش على صفحات القصّة بشكل طبيعي مثلما تعيش وتحيا على أرض الواقع، مما يدفع القارئ لمتابعتها بشغف ولهفة وتظل حيّة في ذاكرته.

والشخصيات في القصّة نوعان: شخصيات ثابتة وشخصيات نامية، والشخصيات الثابتة لا تتغير ولا تتطور في القصة. وتبقى على حالها، وتكون على سجيّة واحدة. وهي عكس الشخصية النامية التي تتطور من موقف إلى موقف بحسب تطور الأحداث في القصّة. ولا يكتمل تكوينها حتى تكتمل القصة. وقد يركز القاص في القصّة على شخصية رئيسية أو أكثر، كما أنه قد يكون في القصّة أشخاص ثانويون يظهرون ويختفون بحسب ما يؤدون من أدوار تشارك في إبراز الشخصية أو الشخصيات الرئيسية.

وفي المقابل للشخصية الثابتة والشخصية النامية قد نجد أيضاً نوعين آخرين للشخصية، نجد الشخصية المعقدة والشخصية البسيطة. الأولى تتكون من عدة نزعات بشرية قد تكون جميعها بنسب متساوية وعندئذ يصعب على القارئ أن يحدد نزعة معينة من هذه النزعات يصف بها هذه الشخصية. أما الشخصية البسيطة فهي على نقيض الشخصية المعقدة، فمنذ أن يقدمها الكاتب لأول مرة تظهر معها صفة معينة غالبة على الصفات الأخرى. فتميز هذه الشخصية، وتحفظ لها هذا الامتياز حتى نهاية

(1) مدخل إلى تحليل النص الأدبي -د.عبد القادر أبو شريفة وحسين لافي قزق- 125- دار الفكر للنشر والتوزيع.

القصة[1].

3. البيئة: المقصود بالبيئة زمان القصة ومكانها وجوّها الذي تحدث فيه الأحداث. (ووظيفة الزمان والمكان في العمل القصصي هي خلق الوهم لدى القارئ بأن ما يقرأه قريب من الواقع أو جزء منه[2]).

وبدون البيئة لا يستطيع الكاتب أن يوهمنا بالحياة في القصّة. ويجعلنا نقتنع بأن الأحداث التي تصورها قريبة من الواقع.

4. العقدة أو الحبكة: والمقصود بالعقدة أو الحبكة هو ترتيب مجرى القصة حسب تتابع الحوادث فيها إلى أن تصل إلى الذروة ثم الحل. ويمكن للمؤلف تحقيق ذلك بالتوطئة للخير والتمهيد له وتوضيح مكان الحوادث وزمانها، والتعريف بالأشخاص وطباعهم إلى أن تصل أحداث القصة إلى الذروة، أي النقطة القصوى فيها حيث يزداد القارئ شوقاً للوصول إلى نهاية الأحداث ومعرفة حلّها. ويتابع القارئ القراءة بشغف كي يصل إلى الحل الذي هو آخر ما تصل إليه القصة. والنتيجة النهائية للذروة وحل مشاكلها.

هناك نوعان للحبكة: الحبكة المفككة والحبكة المتماسكة[3]، والقصة ذات الحبكة المفككة تقوم على سلسلة من الحوادث أو المواقف المنفصلة التي لا تكاد ترتبط برباط ما، بمعنى أن الحدث أو الموقف السابق لا يشترط أن يرتبط بالحدث أو الموقف اللاحق. فالوحدة التي تجمع هذا النوع من القصص متمركزة في البيئة التي تتحرك فيها أحداث القصّة، أو أن الوحدة تظهر في الشخصية الرئيسية في هذا العمل أو على النتيجة التي ستنجلي عنها الأحداث أخيراً، أو على الفكرة الشاملة التي تنتظم

---

(1) المدخل لدراسة الفنون الأدبية- قسم اللغة العربية - 17- جامعة قطر دار قطري بن الفجاءة 1983.

(2) النقد التطبيقي التحليلي- عدنان خالد- 82.

(3) فن القصة - د. محمد يوسف نجم- 73.

الأحداث والشخصيات حولها.

ومن الأمثلة على الحبكة المفككة (غير المتماسكة) رواية الحرب والسلام لتولستوي، **وثلاثية نجيب محفوظ:** بين القصرين، وقصر الشوق، والسكريّة. أما القصّة ذات الحبكة المتماسكة فهي على عكس النوع الأول. فارتباط الأحداث فيها قائم وأساسي يدور في فلك واحد. وكل موقف مبني على ما سبقه وسبب لما سيأتي بعده حتى نهاية القصة. ومن هذا النوع روايات عودة الروح لتوفيق الحكيم، ودعاء الكروان لطه حسين، وبداية ونهاية لنجيب محفوظ.

5. الأسلوب: الأسلوب هو الطريقة التي يعالج بها الكاتب قصّته، ولكل كاتب أسلوبه الخاص به، ولكل قصّة كذلك أسلوبها المميز لها. ويجب أن يكون الأسلوب القصصي بسيطاً ودقيقاً وواضحاً، والأسلوب في القصّة وسيلة وليس غاية. أي هو وسيلة (لتحقيق الأغراض التي يريد القاص تحقيقها في عمله. عندئذ تكون لكل كلمة وجملة دورها المحدد في ذلك)[1].

والحوار وسيلة تعبيرية هامة في الأسلوب القصصي. فهو (من أهم العناصر التي تتكون منها القصّة القصيرة والمطوّلة بطبيعة الحال. وإذا كان أهم غرض يؤديه الحوار في القصّة المطوّلة هو التعبير عن آراء المؤلف التي يضعها على ألسنة الشخصيات فإن أهم غرض يؤديه في القصّة القصيرة هو تطوير موضوعها للوصول بها إلى النهاية المنشودة[2].

وإن قضية اللغة ونوعيتها التي تستخدم في الحوار ما زالت موضع نقاش منذ بداية هذا القرن وحتى الآن. فهناك من يرى أن لا ضير من كتابة الحوار بالعامية؛ فهي تصور الواقع وتحاكيه وأنه (من غير المعقول في القصة على الإطلاق أن يجعل الكاتب شخوصه تتكلم بمستوى لغوي واحد وبخاصة إذا كانت اللغة المستعملة غير التي يتكلم

(1) في النقد الأدبي الحديث – منطلقات وتطبيقات- د.فائق مصطفى د. عبد الرضا علي – 139 – جامعة الموصل- 1989.
(2) فن كتابة القصة- حسين القباني – 94- مكتبة المحتسب- عمان- 1974.

ويفكر بها في الحياة.. فالكاتب عليه أن يكون واقعياً يحاكي الواقع، وليس معقولاً أن يتكلم الفلاح الفصحى)[1].

ويرى بعض النقاد رأياً مغايراً لهذا الرأي وأن لا خير في الكتابة بالعامية. فهي ليست تصويراً للواقع لأن الواقع عند الكاتب الفني ليس مجرد نقل أصم لما هو في الخارج من مسموع ومشهود كما تسمعه الأذن، وتراه العيون، بل هو في الحق الشعور بالواقع وتمثله والتعبير عنه بمخيلة المؤلف[2].

ويرى بعض الكتاب أنه (لو سلمنا جدلاً بأن واقعية الأسلوب تحتم استعمال العامية في الحوار، فإن التضحية بهذه الواقعية أقل بكثير من التضحية بالحوار[3]). وإن اختلاف اللهجات العامية في القطر الواحد، وفي الأقطار العربية عامة، واستعمال اللهجة العامية التي يعرفها الكاتب أو يتصورها في مثل هذه الحالات يؤدي إلى بلبلة وسوء فهم[4].

وأرى أن الكاتب عليه أن يستخدم اللغة الفصيحة الشائعة في مجال السرد والوصف والحوار، وأن يبتعد عن استخدام الألفاظ القاموسية أو الوحشية. لأن ذلك يجانب الواقع ويعد تدخلاً مباشراً من الكاتب في لغة الأشخاص. فالحوار يجب أن يكون حواراً طبيعياً مناسباً للشخصيات والمواقف بعيداً عن التكلف، كما أنه يجب أن يساهم في تطوير حوادث القصّة ورسم شخصياتها.

6. الغاية أو الفكرة: لكل قصّة جيدة غاية تسعى لتحقيقها، وهي مغزاها أو معناها العام. وبصورة أدق رؤية الكاتب للحياة وفلسفته في الإنسان والمجتمع.

والكاتب المبدع يأتي بالفكرة بأسلوب فني غير مباشر من خلال تفاعل أحداث القصّة وسير حوادثها ونمو شخصياتها.

---

(1) فن القصة القصيرة – د . رشاد رشدي- 100- بيروت.

(2) القصة في الأدب العربي وبحوث أخرى- محمود تيمور- 19- منشورات المكتبة العصرية – بيروت.

(3) القصة من خلال تجاربي الذاتية- عبد الحميد جودة السحار- 21- القاهرة.

(4) فن القصة- د. يوسف نجم 122.

أنواع القصّة

قسّمت القصّة من حيث الشكل إلى أنواع متعددة، وهي الرواية، والقصّة، والقصّة القصيرة، والأقصوصة.

أولاً: الرواية

وهي مجموعة حوادث مختلفة التأثير وتمثلها شخصيات عديدة على مسرح الحياة، وتأخذ وقتاً طويلاً من الزمن. ويرى بعض النقاد أن الرواية هي الصورة الأدبية النثرية التي تطورت عن الملحمة القديمة[1].

وفي الرواية يتّسع المجال أمام الكاتب ليتحرك بالأحداث كيفما يشاء في سلسلة متشابكة متنقلاً من موقف إلى آخر يكشف من خلالها الجوانب المختلفة لأشخاص الرواية في فترات مختلفة من أعمارهم بعد أن يتناولهم بالتحليل المتعمق لكل سلوك يسلكونه ولكل نوع من المؤثرات يتعرضون له.

وظهرت الرواية إلى الوجود في الغرب جنساً أدبياً له خصائصه المميزة في القرن الثامن عشر. وأصبح أدب الرواية في هذا العصر أدباً له شكله الفني الخاص به وكتّابه المبدعون.

أما في الأدب العربي فيرجع نشوء الرواية الفنية إلى بداية عصر النهضة الحديثة. ولقد كان للصحافة والترجمة دور أساسي في نشوء الرواية. وللرواية خصائص مميزة، ومن أهم خصائصها عنصر الطول، فهي طويلة وأطول من القصة بكثير. كما أن الشخصيات فيها عديدة والأحداث فيها نامية، وهي تهتم بإلقاء أضواء مختلفة على أحداث مختلفة، أو بصورة أخرى تهتم بالإبانة عن زوايا متعددة للأحداث أو الشخصيات.

---

(1) فن القصة أحمد أبو سعد- 25.

أما من حيث الموضوع فهي تنقسم إلى أقسام عدة أشهرها:

1. رواية المغامرات: وهي الرواية التي يصف مؤلفها حوادث فيها كثير من المغامرات والأعمال التي تحتوي على المفاجآت، ومن ضمن هذا النوع الروايات البوليسية. وهي ليست لها قيمة أدبية كبيرة.

2. الرواية الاجتماعية: وهي الرواية التي تصف المجتمع وتصور عاداته وتقاليده وتتحدث عن الناس فيه وأخلاقهم وظروفهم الاجتماعية وبيئتهم، وهي تعالج قضايا المجتمع بأسلوب هادف.

3. الرواية التاريخية: وهي تتحدث عن جانب تاريخي، وتحاول إحياء بعض الشخصيات التاريخية. وتصور الحضارات السابقة من خلال تناولها بأسلوب قصصي كما فعل تشارلز ديكنز في رواية قصة مدينتين، وكما فعل تولستوي في رواية حرب وسلام.

ثانياً: القصّة

القصّة فن أدبي يتناول حادثة أو مجموعة من الحوادث التي تتعلق بشخصيات إنسانية مختلفة في بيئة زمانية ومكانية ما، وتنتهي إلى غاية مرسومة، وتصاغ بأسلوب أدبي معين. فالقصّة ليست تاريخاً للأحداث والشخصيات، بل هي إعادة صياغة للحياة كما يراها القاص.

والقصّة متوسطة الحجم، وتتوسط بين القصّة القصيرة والرواية، وفيها يطول الزمن إلى حد ما عندما يعنى الكاتب بالتحليل للأحداث والشخصيات بشيء من التوسع، وتحتوي القصّة على قدر كاف من تعدد الأحداث في تطور وتسلسل، ويتغير فيها عنصر المكان، وتتعرض لأكثر من شخصية وفي أكثر من جانب وموضوع.

ثالثاً: القصّة القصيرة

القصّة القصيرة. وهي تعتمد على موقف واحد، أو حادثة واحدة، أو بضع

حوادث قليلة تكون موضوعاً قائماً بذاته في زمن واحد. والقصّة القصيرة الحدث فيها متكامل له بداية ووسط ونهاية بحيث تتّحد هذه الأجزاء جميعاً في وحدة عضوية واحدة. ولا شك أن مثل هذا التحديد في القصّة القصيرة يؤثر إلى حد ما في اختيار الموضوع وطريقة السرد وبناء الحادثة والصياغة اللفظية، ولذلك لا بد للقاص من التركيز في قصته.

ولقد ظهرت في أوربا بتأثير النزعة الواقعية التي باتت تهتم بالأمور العادية في الحياة كي تستنبط منها الحقائق والدلالات التي تخص المجتمع، وبتأثير الصحافة التي تتطلب نشر وحدة فنية قصيرة في العدد الواحد لاجتذاب القرّاء.

ولقد برزت القصّة القصيرة على أيدي أربعة كتاب، اثنان منهما دفعا بها إلى الوجود وهما (أدجار آلن بو) الأمريكي، و(جوجل) الروسي، واثنان أعطياها شكلها الفني الدقيق وتركا تأثيراً واضحاً في القصة العربية. وهما (موباسان) الفرنسي، و(تشيخوف) الروسي [1].

ويرى (بو) أن القصة ينبغي أن تكون قصيرة حقاً، أي ألا تستغرق أكثر من ساعتين في قراءتها... ولكن هذا التحديد الزمني قديم، والتحديد الحديث الذي يذهب إليه معظم النقاد، هو أن يتراوح طولها بين خمس صفحات وثلاثين صفحة، فإذا قصرت عن خمس صفحات صارت أقصوصة [2].

وللقصة القصيرة عناصر مميزة لها من أهمها صغر الحجم نسبياً وارتكازها على حدث محدد واضح يرتبط بشخصية محورية، أو عدد قليل من الشخصيات، ويشترك في القصة القصيرة أن يكون الخبر المروي مترابطاً بصورة عضوية، تشكل في مجموعها معنى كلياً، كما يجب أن يصور الخبر حدثا متكاملاً. والكاتب في القصة يعالج جوانب أوسع مما يعالجه في الأقصوصة.

(1) الأدب وفنونه- د. محمد عناني- 94- الهيئة المصرية العامة للكتاب 1991.

(2) فن القصّة- أحمد أبو سعد 31.

رابعاً: الأقصوصة

الأقصوصة، قصّة قصيرة تصوّر جانباً من الحياة الواقعية في ترتيب يصنعه الأديب الفنان ليبرز ظاهرة أو ظواهر خاصة، أو ليحلل حادثة أو شخصية بأسلوب يفهمه القارئ العادي. وفي حجم يمكن من قراءتها في جلسة واحدة.

والأقصوصة يركز فيها القاص على فكرة واحدة. ويسلّط عليها أضواء قوية ويبرزها بشكل واضح، كي يوصلها إلى القارئ بطريقة قوية فعالة تترك أثراً في نفسه.

والأقصوصة أقل من القصّة القصيرة حجماً. وهذا يتطلب من الكاتب أن يكون على درجة عالية من البراعة في التصوير والإقناع؛ لأن المجال الذي يتحرك فيه من حيث الزمان والمكان والأحداث والشخصيات مجال محدود.

والأقصوصة لا مجال فيها للتفاصيل. ولا تخضع للعقدة كالرواية، ولا يلزمها بداية ونهاية، بل قد تكون صورة أو مشهداً أو حتى جواً نفسياً خاصاً. وهي تعالج لمحة من حياة البطل في لحظة من لحظات وجوده أو أزمة من أزمات نفسه لا حياته بأكملها[1].

ويحتّم على القاص في الأقصوصة التركيز، ولذلك فهي تتركز في الحركة السريعة والعبارة القوية المشعة.

---

(1) فن القصة- أحمد أبو السعد ص 33.

(الطالع السعيد)

(محمد عبد الحليم عبد الله)

لم تكن الدار التي نسكنها واسعة جداً. ولم يكن عددنا قليلاً ليصبح متناسباً مع الدار، كنا ستة من الأولاد بين بنين وبنات يحترف أبونا مهنة غير الزراعة ولو أننا من سكان الريف.

كان تاجراً متنقلاً يبيع الأقمشة على حمار، رجلاً طيباً مسالماً يركب دابته كل يوم قبل طول الشمس ليذهب إلى الأسواق في القرى ثم يعود آخر النهار.

وكنت أنتظر عودته على الطريق كل يوم فأعرف حالة السوق التي كان فيها من منظر الأشياء التي يصطحبها معه: فإذا كانت الأمور على ما يرام رأيته متربعاً على الحزمة الكبيرة من الأقمشة على ظهر حماره وأمامه (المتر) الخشبي وعلى يمينه ورقة ملفوفة أعرف فيها شريحة اللحم، وعلى يساره قرطاس من فاكهة الموسم، وإذا كانت الأمور سيئة في السوق لا نرى أمامه إلا (المتر).

وإذا كانت الأمور بين بين، متوسطة الحال، أراه يحتضن (كرنبة) ضخمة أو بضع اقق من (البطاطا).

وعندما يطأ حماره عتبة الدار تخف إليه أمي مشمّرة أذيال جلبابها الزاهي ذي الكرنيش الطويل فتأخذ ما بين يديه من طعام، ثم تعاونه معنا في إنزال حمولة القماش. وبعد قليل نتجمّع كلنا في مكان واحد. هو منظرة في آخر الدهليز. حيث تبدأ حياة الأسرة الحقيقية... فينفض (الرجل) عن نفسه متاعب النهار بما يحيكه من حوادث، وتشارك (المرأة) في مسح هذه المتاعب بنظرة لينة أو كلمة طيبة أو لقمة هنية.

كنا نتجمع حول والدينا في شبه حلقة حتى نتناول عشاءنا... ثم تفرقنا المضاجع.

وفي الأيام التي يعود أبي فيها من السوق يحمل لحماً، كنت أعتبرها من ليالي

العيد، لأنني غالباً ما كنت أقضي فترة ما بعد الغروب في الخارج أجري مع الصبيان نطارد الضفادع أو نغير على أعشاش الطيور، أفعل ذلك بأمر أمي ريثما ينضج اللحم على الكانون، ثم أدخل فتملأ أنفي رائحة البصل المخروط في السمن وهو يتنفس على النار أنفاساً تملأ الدار وجزءاً من الحارة.

وحول صينية العشاء نجلس نحن الثمانية ليأخذ كل منا قطعة من الرزق الذي جرى من أجله طول النهار رجل على ظهر حماره.

صحبت أبي في هذا اليوم إلى السوق لأننا في إجازة الصيف والمدارس معطلة، وحينما ركبت خلفه كان النعاس لا يزال في رأسي، كنت غير يقظ تماماً ولو أن أمي غسلت لي وجهي بماء بات في الإبريق حتى برّده ندى الليل، لكن كلمة واحدة أيقظتني من النوم أيقظتني تماماً. سمعت أمي تقولها، بعد أن وضعتني خلف أبي على الحمولة:

– حظ أبيك اليوم من حظك.. أنت ذاهب معه إلى السوق-

وضحكت أمي. وتحرك الحمار وخطا العتبة وأمسك الطريق من أوله ومشى يئن. وألصقت جبهتي بظهر أبي ورحت في شبه نومة، لكني كنت – في الواقع- أخمّن ما قد يحدث في السوق.. هل سيعود وليس أمامه إلا متره الخشبي... أو سيحمل ورقة كبيرة من اللحم.. أو يا ترى سيملأ حجري بكمية من البطاطا؟

وعند عودتنا آخر النهار كانت أمي ممتلئة شوقاً. ولما دخلنا فحصت بعينيها ما بين أيدينا من أشياء وابتسمت. كانت الأمور تدل على أنها سارت سيراً طيباً فقد كان معنا كرنب ولحم وخير كثير. وكانت ورقة اللحم ضخمة لم تذكر أمي أنها رأت مثلها منذ ثلاث سنوات.

ونزلت في زهو كأنني أنا الذي صنعت كل شيء. وعاونتهم في نقل الحمولة إلى الداخل وربطت الحمار بنفسي وطردت عن وجهه ذبابة من الذي يولع بالحيوان، ثم استأذنت وخرجت ألعب حتى يطهى الطعام.

وعند عودتي كان على الصينية كرنب محشي ولحم مسلوق وأشياء أخرى... وكنت جائعاً مجهداً وكان بقية الأطفال جياعاً لأن أمي تأخرت في طهو الطعام. وجلس أبي متربعاً وظهره إلى الحائط يتمتم بختام الصلاة، وتزاحمنا كما تتزاحم العصافير، فإذا بأختي الأصغر مني تلكزني في جنبي، وأوجعتني الضربة، وبحركة آلية لا أكاد أجزم أنني كنت أقصدها، رددتها إليها على وجهها وكانت بظهر يدي. فانغرست سنتها في شفتها فسال منها الدم. والدم دائماً يزعج الناس، والأطفال على وجه الخصوص. فأخذت تبكي كأنها صدمتها عربة أو أصابتها رصاصة. وانقلبت التسبيحات في فم أبي إلى حوقلة تدل على الأسف. وظل جامداً في مكانه وظهره على الحائط، في الوقت الذي استدارت فيه أمي وأعطتني صفعة على وجهي.

وحوقل أبي بصوت مرتفع جداً وضج الصغار بالضحك. وامتدت يد طفلة بنت ثلاث سنوات على الطعام من تلقاء نفسها فزاد الهرج والمرج. وخيّل إليّ أنهم يسخرون مني، وأنني أنا الرجل الأول على مائدة العشاء، وأن هذه الخيرات كلها من ثمرات عرقي أو من طالع سعدي على الأقل. فتأخرت إلى الخلف مضرباً عن العشاء، وتمددت في الركن بعيداً ووجهي إلى الحائط الداكن.

لا أذكر أنني فعلت هذا أكثر من أربع مرات في صباي الأول، لكن الذي غاظني من أمي أنها سارعت باتهامي أن هذه هي خصالي.. دائماً دائماً.. عادة يجب أن أؤدّب عليها. وعلق الصبيان خصوصاً تلك التي كانت سبب المشكلة، ثم جعلوا يضحكون.

ومنذ بدأت حركة المضغ بدأ الجوع يعضني بأسنانه وامتلأت عيناي بالدموع، فلم يكن ينقصني سوى كلمة تثيرني.

وأحسست لأول مرة أن صوت المضغ أقبح الأصوات في الدنيا... ولم يكن من المعقول أن أقوم بلا عودة فأرجع إلى الصينية، لذلك قررت وأنا أرقب خيال وجهي مرسوماً على الحائط- أن أقوم فأتعشى حتى لو دعاني أصغر الأطفال.

وما لبث الفرج أن جاء في صوت أبي:

- عيب يا إبراهيم.. تعال كل.

ولم أقم فوراً كما تقتضي الخطة.. تلكأت بضع ثوان فترت بعدها حميتني ووجدت أن الكرامة تحتّم عليّ ألاّ أُسارع هكذا.. ثم فلسفت الموقف.. لماذا لا تكون الدعوة من أمي؟ إنها التي عقدت العقدة فعليها إذن حلها.. فلأنتظر حتى تناديني أمي بنفسها.

وجاء صوت من هناك يقول:

- يا سلام .. آل عامل راجل..

وكان صوت أخي الذي يصغرني فاشتد غيظي حتى كدتُّ أقوم فأبطش به. ما هذه الشماتة؟ أليس هذا كله خيرات طالع سعدي؟ ربما لو لم أكن مع أبي لما باع ملابس العروسة في هذا اليوم ولعاد إليهم بمتره الخشبي ولا شيء سواه.

وخفت أن أرد عليه فيقال أنني أتمحك، فتنهدت ثم أجهشت بالبكاء وعندئذ ضحك الأطفال.

- يا عيني..

وتمنيت بعدها أن ينطفئ المصباح أو أن تهجم عليهم قطة أو كلب.. أن يقع أي حادث..

ونادتني أمي وهي تمزج الحنان بالشتائم فعز عليّ أن تدعوني بهذه الطريقة. وكانت أصوات الملاعق في الأطباق الخزفية تصدّع رأسي، وأخيراً صمّمت على ألا أرد عليها، وقررت هي ألا تناديني مرة أخرى..

وحين خفت الحركة وقام الأولاد ليغسلوا أيديهم جاءت أمي تهزني، وأحسست بأنفاسها تلمس وجهي وكانت رائحة الطبيخ تفوح من كفيها. وكنت واثقاً أنها احتفظت لي بنصيبي، لكن عز عليّ أن آكل آخر الناس وأتناول الفضلة، فتناومت

حتى اعتقدت أمي أنني نائم، فمصمصت بشفتيها ولعنت الصغيرة التي كانت سبباً في الإشكال.. فلم يكن هناك بد من أن ألوذ بالصمت حتى رحت في النوم العميق.

وفي الصباح، كان كل شيء قد نُسي، حتى معدتي نسيت جوعها..

وأيقظتني أمي بلطف شديد وصبّت الماء البارد من الإبريق لأغسل وجهي فتكمل يَقظتي فأركب مع أبي إلى السوق.

لم يكن على وجه أحد منهما اعتذار كأن الموضوع غير ذي بال. لكنها قدّمت لي فطوراً دسّته في جيب جلبابي، كان على سبيل التعويض شقة من خبز القمح وبيضاً وورقة فيها توابل لتفتح شهيتي.

ومشى الحمار بحمولة كل يوم: بالحزمة الكبيرة وعليها راكبان: أنا وأبي. وكان أبي يقرأ دعاء موزوناً في صوت هامس جعلني أندمج فيه بعد قليل كأنني دخلت في الجنة فأسندت جبهتي إلى ظهر أبي واحتضنته بذراعي ورحت في شبه نوم..

كنت أحلم بحوادث البارحة. بمبيتي بلا عشاء. وبالخيرات التي كنت سبباً في عودتنا بها آخر اليوم. لقد باع أمس نحواً من عشرين جلباباً وأقمشة للتنجيد وغير ذلك حملها أهل العروس في صرة كبيرة. وكان يومه رائعاً لكن ليلتي أنا كانت على العكس..

وأفقت من أحلامي فألفيت أبي لا يزال يهمس بدعائه. وكانت الحقول على الجانبين خالية من الزرع، ليس فيها إلا السماد. والشمس لم تخط بعد خطواتها الأولى. والندى يسقط من أغصان الشجر على رأسنا من حين إلى حين. وقطع أبي دعاءه وسألني:

- هل نمت؟

- لا. لم أنمن يا أبي.

وعاد كل منا إلى ما فيه من قبل. كان أبي يسأل اللـه أن يوسع له في رزقه، وكنت

أنا مشغولاً بما سنحمله من السوق آخر اليوم إن استجاب اللـه دعاءه.. حتى انتهى الطريق.

ودخلنا إلى الساحة الكبيرة حيث سوق القرية، ورتّب أبي بضاعته- وأنا في مساعدته- وعلّق المناديل الحريرية الزاهية اللون على واجهة المظلة التي تقينا من الشمس وما ارتفع النهار أو كاد حتى أصبح المكان شبه خليّة، تفوح من أطرافه روائح الزيت المقدوح مختلطة برائحة التراب...

وشغلني النجاح الذي لقيه أبي في هذا اليوم أيضاً عن أن أتناول فطوري الذي حملته معي. كنت حريصاً على أن أراقب البضاعة المنثورة حولنا حتى لا يسرق منها شيء. وأعد وراءه الأمتار التي يقيسها حتى لا يخطئ. وأعيد شيئاً إلى مكانه وأناوله شيئاً يطلبه. وبين هذا وذاك- في سرحة صغيرة من سرحات الذهن- أتصور سعادة أمي في المساء بعد يومنا الرابح وخيرنا الكثير وابتسامة السخرية القوية التي سأسددها إلى وجوه من سخروا مني ليلة البارحة.. لأنني غضبت على العشاء.

ولم نستطع أن نتغدى ظهراً لأن حركة السوق لم تفتر.

وقال أبي لامرأة عجوز كانت تشتري جهازاً لبنتها:

- يخيّل إليّ أن فتيات هذه القرية سيتزوجن جميعاً خلال أسبوع.

فضحكت العجوز وقالت وهي تسدد إليه نظرة لئيمة:

- إن تّجار الحنّاء يسرّهم أن تكثر الأعراس.

وكان على وجه أبي ابتسامة مجهدة لكنها سعيدة. ولما مالت الشمس خفّت الحركة فتناولنا غذاءنا، وأرسلني أبي فاشتريت أشياء لنعود بها إلى الدار.

لكن ليلتنا لم تكن سعيدة كما يخيّل إليك..

كانت عودتنا متأخرة أكثر من العادة، وكان الأطفال ينتظرون بوجوه أثقلها الملل وعيون أثقلها النوم. ولما رأوا في وجوهنا ما يسوء، ودقّت أمي صدرها عند سماع

الخبر انزووا في ركن ينصتون..

ولم يقدر للحم أن ينضج ولا للنار أن توقد في هذا المساء. فأوى أكثر الأطفال إلى مضاجعهم في صمت.

أما أنا فإني لم أكن غاضباً، ولكنني كنت ممدَّداً ووجهي إلى الحائط أنظر إلى ظله، وأستعيد حوادث النهار، وأنصت إلى الحديث الفاتر الذي يتسقطه والدي وإلى أنفاس النائمين الذين سهروا ليلة البارحة يضحكون مني في شماتة.. وقلت في نفسي:

- ها نحن أولاء جميعاً نقضي أمسية غير سعيدة.. من كان يظن أن أمور هذا اليوم الرابح تنتهي هذه النهاية.. وجاءني صوت أبي وهو يقول لأمي:

- نستطيع أن نفرض أي فرض يريحنا.. إن الحاج عبد الرحيم نشلت كل نقوده وهو ذاهب إلى الإسكندرية ليشتري بضاعته.. ولم يمت ولم يجع أبناؤه.. رزقه الله، ومسألتنا إذا قيست بهذه مسألة سهلة.

فقالت أمي:

- صحيح صحيح.. لكن ماذا كان يعمل طويل اللسان معك طول اليوم؟ قلت في نفسي: إن الريح ستهب في اتجاهي. سيقع الذنب عليَّ. وخفق قلبي. وعادت أمي تقول لكن بحنان شديد:

- لا تنس أنك كنت تشتغل طول النهار فلا بد أن تتعشى.

وتنهَّد أبي. وساد الصمت لأن أمي قامت تجهز له عشاء. وشممت رائحة بيض مقلي وتوابل ونعناع. وفطنت أمي إلى أنني لم آكل فنادتني.. فلم أرد.

وعادت ذكريات ليلة البارحة لكن.. كان هناك أطفال غيري ينامون محزونين وأعادت أمي النداء وهزتني فتناومت، فانصرفت إلى أبي الذي طلب منها أن تناوله القلة.

وأخذ النوم يداعب أجفاني وأنا أستمع إلى صوت المضغ، وأستعيد حوادث

النصف الثاني من اليوم الرابح.

عودتي مع التجار من السوق آخر النهار وتركي أبي وحده، ثم رجوعي إلى أبي مرة ثانية، ثم عودتنا معاً. ثم منظر أمي وهي واقفة في فتحة الباب متلهفة على معرفة الخبر. فلما رأت الحمار يخطو داخلاً العتبة عرفت كل شيء فدقّت صدرها.. كان الحمار أسود كأنه قطعة من الليل، وجاء صوتها:

– إن حمارنا أبيض.. ماذا جرى؟..

وأجابها صوت غليظ.

– سرق في السوق..و..

وأخذ النوم يثقل عليَّ، وتصورت مخاوفي وأنا عائد وحيداً إلى أبي بحمار عم عثمان لكي نحمل عليه البضاعة التي فقدنا عائلها، ثم أخذت أحس كأنني أعد الأمتار وأبي يقيس وأبي يحسب النقود.. ووجدت الحياة ربحاً غير خالص أو خسارة على طول الخط.

وكأنني عدت من جديد أعد مع أبي الأمتار التي يقيسها... واحد...، اثنان... ثلاثة...

ولم أستيقظ إلا صباحاً، وكان أبي قد رحل ليشتري دابة جديدة...

المراجع والمصادر

1- الأدب العربي الحديث- د. سالم الحمداني ود. فائق مصطفى- جامعة الموصل 1987م.

2- الأدب وفنونه- د. محمد عناني- الهيئة المصرية العامة للكتاب 1991.

3- الرواية في الأردن في ربع قرن 1968 – 1993- د. إبراهيم خليل – عمان 1994م.

4- فن القصة- أحمد أبو سعد- منشورات دار الشرق الجديد- بيروت 1995م.

5- فن القصة- د. محمد يوسف نجم دار الثقافة- بيروت – لبنان 1995م.

6- فن القصة القصيرة- د. رشاد رشدي- بيروت.

7- فن كتابة القصة- حسين القباني- مكتبة المحتسب- عمان- 1974م.

8- في النقد الأدبي الحديث- منطلقات وتطبيقات- د. فائق مصطفى ود. عبد الرضا علي – جامعة الموصل- 1989م.

9- القصة في الأدب العربي وبحوث أخرى- محمد تيمور- منشورات المكتبة العصرية- بيروت.

10- القصة من خلال تجاربي الذاتية- عبد الحميد جودة السحار- القاهرة.

11- مدخل إلى تحليل النص الأدبي- د. عبد القادر أبو شريفة وحسين لافي قزق- دار الفكر للنشر والتوزيع.

12- المدخل لدراسة الفنون الأدبية- قسم اللغة العربية – جامعة قطر- دار قطري ابن الفجاءة- 1983م.

13- النصوص الأدبية- دراسة وتحليل- صادر عن قسم اللغة العربية- كلية الإنسانيات- جامعة قطر- دار قطري بن الفجاءة- 1987م.

14- النقد الأدبي الحديث – د. محمد غنيمي هلال- دار نهضة مصر للطبع والنشر- القاهرة.

15- النقد التطبيقي التحليلي- عدنان خالد.

الفصل الرابع
المسرحية

د. سعود عبد الجابر

المسرحية

ظهرت المسرحية في صورة متطورة في بلاد اليونان منذ القرن الخامس قبل الميلاد، ووضع اليونان القدماء أسسها وقواعدها. وأرساها إيسخيلوس، وسفوكليس، ويوربيدوس، ودرسها الفيلسوف أرسطو طاليس دراسة مستفيضة في كتابه (فن الشعر).

والمسرحية عندهم تنقسم إلى تراجيديا أي مأساة حزينة وكوميديا أي مهزلة مضحكة. والتراجيديا هي محاكاة فعل جليل كامل له عظم ما، في كلام ممتع تتوزع أجزاء القطعة عناصر التحسين فيه، محاكاة تمثل الفاعلين ولا تعتمد على القصص، وتتضمن الرحمة والخوف لتحدث تطهيراً لمثل هذه الانفعالات[1].

وتمتاز التراجيديا بنبلها، نبلاً في الأسلوب الشعري، ونبلاً في الشخصيات التي يصورها الشاعر، فأسلوبها لا ابتذال فيه، وهو أبعد ما يكون عن لغة الحديث الدارجة، أسلوب أدبي مصنوع، مفرداته منتقاة، وتراكيبه محكمة، وصورة بعيد المنال، وشخصياته آلهة أو أمراء أو أبطال[2].

أما الكوميديا: (فهي محاكاة الأدنياء، ولكن لا بمعنى وضاعة الخلق على الإطلاق، فإن المضحك ليس إلا قسماً من القبيح، والأمر المضحك هو منقصة ما وقبح لا ألم فيه ولا إيذاء)[3]. والكوميديا حافلة بالألفاظ الشعبية، وشخصياتها من أفراد الشعب العاديين.

وتأثر الرومان بالمسرح الإغريقي. وانتقل إليهم بموضوعاته وتقاليده الفنية. وتقيدوا بنماذجه المسرحية. واتخذوا منها مثلهم الأعلى، وتمكسوا بها.

---

(1) كتاب أرسطو طاليس في الشعر نقل أبي بشرمتّى بن يونس. تحقيق وترجمة د. شكري عياد ص 48.

(2) دراسات في النقد العربي الحديث ومذاهبه. د. محمد عبد المنعم خفاجي. ص 210.

(3) كتاب أرسطو طاليس في الشعر، ص 44.

وكانت مسرحياتهم تقليداً للمسرحية الإغريقية. (ثم كانت العصور الوسطى، فاختفى المسرح الوثني الروماني واليوناني بتقاليده ومصطلحاته، وحل محله مسرح ديني ضعيف، مثلت عليه مسرحيات هزيلة، ليس لها صبغة أدبية حقيقية)[1].

ومع بداية عصر النهضة، نهضت المسرحية من جديد. وخرجت من الإطار الذي كانت فيه. وارتبطت بحركة الإحياء للتراث اليوناني والروماني. وترجمته إلى مختلف اللغات الأوروبية. فعرف الأوروبيون الأدب المسرحي القديم. وأخذوا يحاكون اليونان والرومان، وألّفوا مآسي وملاهي بلغاتهم الدارجة. وانتقلت المسرحية نقلة جوهرية لم يعرفها تاريخها الطويل، إذ كانت حتى أواخر القرن الثامن عشر تكتب شعراً، فبدأت منذ مطلع القرن التاسع عشر تكتب نثراً. وأخذت (تتضاءل المسرحيات الشعرية عدداً وشأناً)[2]. وذلك نظراً لسيادة الواقعية في المسرح والأجناس الأدبية الأخرى.

وفي بداية القرن التاسع عشر برز نوع جديد من المسرحيات يسمى الملودراما وهي الدراما المختلطة بالغناء. (وهي تعتمد على الواقع أكثر من اعتمادها على الشخصية، وتميل لا إلى المعنى الكوميدي، بل إلى العواطف الجادة)[3]. وفيما بعد شهد المسرح تيارات واتجاهات أخرى مثل الرمزية والتعبيرية والملحمية والعبث واللامعقول[4].

أما بالنسبة للحضارة العربية فيمكن القول إنها لم تعرف المسرح بالمعنى والشكل الغربي الذي عرفته الحضارة الإغريقية، ثم انتقل إلى أوروبا في عصر النهضة والعصر الحديث، ولكن من جهة أخرى عرفت ألواناً وأشكالاً مسرحية أخرى، تختلف عن الشكل المسرحي الغربي. (وأهم هذه الفنون والأشكال المسرحية التي عرفتها الحضارة

---

(1) في النقد الأدبي الحديث. د. شوقي ضيف، ص 234.

(2) مقدمة في النقد الأدبي، د. علي جواد الظاهر، ص 207.

(3) الأدب وفنونه، د. عز الدين إسماعيل، ص 187.

(4) الأدب العربي الحديث، د. سالم أحمد الحمداني، ود. فائق مصطفى أحمد، ص 381.

العربية: أعمال الوعّاظ، والقصّاص، وخيال الظل، والقره قوز، والمقامة، والحكواتي)[1].

وفي القرن التاسع عشر ظهر المسرح بالمفهوم الغربي في الوطن العربي. وكان ذلك محصّلة لعاملين: الأول وجود التراث التمثيلي، والثاني احتكاك الحضارة العربية بالحضارة الأوروبية الوافدة، (وإذا كان هذا المسرح شكلاً فنياً استعير من الغرب، فإن هذا الشكل قد طعم بألوان محلية كثيرة أخفت قسماته الأصلية خشية أن يصدم جمهور النظارة. وخشية أن يبدو نافراً عن فنونهم التمثيلية المتوارثة. وقد شملت هذه التأثيرات المحلية اختيار موضوعات المسرحية، وبناء الحبكة، ورسم الشخصية وإدارة الحوار[2].

ولقد ظهرت المسرحية في الأدب العربي الحديث في عام 1848م على يد مارون النقاش في لبنان، إذ كتب ومثّل في هذا العام أول مسرحية في الأدب العربي الحديث. وهي مسرحية البخيل، وبعد مارون النقاش جاء أبو خليل القباني رائد المسرح في سوريا، الذي قدم مسرحيات مترجمة ومسرحيات من تأليفه منذ حوالي عام 1865م في دمشق، ثم يعقوب صنّوع في مصر الذي ألّف فرقة مسرحية في عام 1870م قامت بتمثيل عدد من المسرحيات التي ترجمها أو ألّفها. وظهر بعد ذلك عدد كبير من روّاد الأدب المسرحي، مثل شوقي في مسرحياته الشعرية، إذ في عام 1927م صدرت أول مسرحية له، وهي (مصرع كليوباترة) وتبعه عزيز أباظة، وعلي أحمد باكثير، ومن أشهر روّاد المسرح النثري في العصر الحديث توفيق الحكيم.

---

(1) في ذاكرة المسرح العربي، د. فائق مصطفى، 104 وانظر المسرح في الوطن العربي، د. علي الراعي ص11.

(2) المصدر نفسه، ص 112.

عناصر المسرحيّة

المسرحيّة قصّة حواريّة، تكتب لا لتقرأ، وإنما لتمثَّل على خشبة المسرح، وتعتمد على الحركة والصراع. وتتجسد من خلال التمثيل. ونرى أن نقف عند أهم عناصرها وهي: **البناء المسرحي والحدث والشخصيات والحوار والصراع والهدف.**

1- البناء المسرحي: المقصود بالبناء المسرحي جميع الأجزاء التي يتكون منها العمل المسرحي. وقد تختلف مذاهب الكتاب في نظرتهم إلى البناء المسرحي تبعاً لاختلاف مذاهبهم الأدبية. ولكن بصورة عامة ظل يتكون من عدة فصول تتراوح بين ثلاثة إلى خمسة فصول. وفي الفصل الأول يحرص الكاتب المسرحي أن يقدم شخصياته، وأن يعرف بمسرح الأحداث التي تتطور إلى أزمة، وبهذا يمهّد للصراع الذي يصل الذروة في الفصل الثاني إذا كانت المسرحية تتكون من ثلاث فصول فبه تتطور الأحداث، ويصل الموضوع إلى الذروة. وتتضح المعالم الأساسية للمسرحية، ثم يكون الحل المناسب في الفصل الثالث. أما إذا كانت المسرحية من خمسة فصول فإن ذروة الصراع تكون في الفصل الثالث، ثم ينحدر الصراع تدريجياً حتى يصل إلى الحل في الفصل الأخير.

ولذلك فإن كل فصل يشير (إلى بدء وانتهاء مرحلة محددة في القصّة العامة التي تقوم عليها المسرحية[1]).

ولقد رأى بعض النقّاد أن يقوم البناء المسرحي على وحدات ثلاث وهي: الزمان والمكان والحدث. وسبق للفيلسوف اليوناني أرسطو أن أشار إلى وحدتي الزمان والمكان، ولكن كثيراً من الاتجاهات الأدبية الحديثة خرجت على هذه الوحدات، ولم تشترط التقيد بها بالمسرحية. وتركت الحرية للكاتب ليبني مسرحيته دون قيود تقيّده من حيث الزمان والمكان والحدث.

(1) الأدب وفنونه، د. محمد مندور، ص 113.

2- الحدث: هو الواقعة أو الحكاية أو الأسطورة التي يرتكز عليها البناء المسرحي. ويجب أن يكون الحدث متصل الأجزاء متماسكاً ومتطوراً نامياً. وأن يكون له بداية ووسط ونهاية.

والمسرحية تحتوي عادة على حدث رئيسي تتفرع منه أحداث فرعية ترفده. وتكون بالتالي وحدة عضوية واحدة مترابطة. كما أن الحدث يرتبط بالعناصر الأخرى للمسرحية ويتكامل معها.

والحدث في المسرحية الحديثة يدور حول المشكلات النفسية والاجتماعية والاقتصادية التي تجابه الإنسان في هذا العصر، والتي تسبب له الإحباط والقلق والصراع.

3- الشخصيات: في كل مسرحية شخصيات تدور حولها أحداث المسرحية، وبعض هذه الشخصيات توصف بأنها شخصيات إيجابية، والأخرى سلبية.

وبعضها شخصيات رئيسية تقوم بالأدوار الأساسية، وبعضها ثانوية تقوم بدور هامشي. كما أن بعض هذه الشخصيات شخصيات نامية متطورة والأخرى ساكنة ثابتة.

والمسرحية الجيدة، الشخصيات بها واضحة حية ناطقة وتمثل الشخصيات الحقيقية تمثيلاً صادقاً. وتشارك مشاركة إيجابية في الصراع الذي تقوم عليه المسرحية. (ولذا فلا بد للكاتب من رسم الشخصية عبر علاقاتها بالآخرين. وليس عبر علاقاتها بالواقع فقط. وينبغي أن يكون الأساس هذه العلاقات دراميا يقوم على التقابل والتماثل والمفارقة أي التضاد والتشابه والتمايز[1]).

والمسرحية الجيدة تبرز دوافع الشخصيات وعواملها النفسية بالإضافة إلى بعدها الاجتماعي والجسمي. وتحدد هذه الأبعاد تحديداً واضحاً (حتى تكتمل صورة كل

(1) فن التحرير العربي، د. محمد صالح الشنطي، 209.

شخصية وتحدد قسماتها العامة على نحو ينجح في الإيهام بأنها شخصية حية بفضل مشاكلتها لواقع الحياة، فتصبح شخصيات مقنعة[1].

4- الحوار: تعتمد المسرحية على الحوار اعتماداً أساسياً، إذ أنها في الأصل فن حواري فلذا لا بد لكاتب المسرحية أن يهتم بالحوار وأن يعتني به؛ فإن المسرحية لا يتكون نسيجها إلا من الحوار. فإذا كانت القصّة تستخدم بالإضافة إلى الحوار السرد والوصف والتحليل وغيرها فإن المسرحية لا تستخدم إلا الحوار وحده لتقدم من خلاله الشخصيات والحدث والزمان والمكان. فالحوار تنسج من خلاله جميع ملامح البناء المسرحي من حدث وشخصيات وأفكار.

وللحوار جملة من الوظائف، فهو يكشف عن طبيعة الشخصية التي تنطق به، كما أنه يكشف أيضاً عن رؤيتها ووجهة نظرها في الحدث والشخصيات الأخرى، كما أنه يكشف عن الفكرة الأساسية للمسرحية. هذا بالإضافة إلى أنه يسير بحبكة المسرحية إلى الأمام ويطورها وينمي أحداثها.

والحوار الجيد في البناء المسرحي، هو الذي يخلو من التكلف والافتعال، ويأتي ملائماً للشخصيات والأحداث. وينطلق من الواقع ويصوره تصويراً صادقاً. ويشتمل على عنصري الحيوية والمتعة. وتكون له القدرة على تطوير الأحداث والكشف عن الشخصيات.

والقضية الجديرة بالبحث ونحن في سياق الحديث عن الحوار المسرحي هي قضية لغة الحوار. فهل يكون الحوار بالعامية أم باللغة الفصيحة؟ فلقد نادى بعض الكتاب بكتابة الحوار المسرحي بالعامية. واحتجوا بالواقعية وضرورة مراعاة مقتضياتها في العمل المسرحي؛ كي تنطق الشخصيات باللغة التي تتحاور بها في حياتها اليومية. فهي حسب رأيهم تعبر تعبيراً صادقاً عن الموقف الذي نتحدث عنه. لكن المعارضين لهذا الرأي من النقّاد يرون ضرورة صياغة الحوار باللغة الفصيحة، وذلك لأن الواقعية

---

(1) الأدب وفنونه، د. محمد مندور. ص 98.

ليست باللغة بل في تصوير نفسيات الشخصيات تصويراً دقيقاً مطابقاً لواقع الحياة. هذا بالإضافة إلى أن اللغة الفصيحة هي لغة التراث والدين والفكر. ولها عراقة وتاريخ طويل، فهي أقدر على تحقيق غايات المسرح الدرامية والجمالية. وفي الوقت نفسه، فهي تحقق للعمل المسرحي الذيوع والانتشار في جميع أجزاء الوطن العربي ، فهي شائعة بصورة أو أخرى في الصحافة ووسائل الإعلام المختلفة، على نقيض الكتابة بالعامية التي قد تفهم في قطر ولا تفهم في آخر. فتضيق عند ذلك السبل بالكاتب ولا يجد قارئين أو مشاهدين لمسرحيته إلا في بيئة ضيقة محدودة.

5- الصراع: الصراع عنصر أساسي في العمل المسرحي. والمسرحية التي تخلو منه تعد مسرحية خالية من الحياة والحركة والتشويق. فهو الذي يبعث في المسرحية الحياة والحركة. والصراع يعني الصدام بين شخصيتين أو فكرتين أو قوّتين أو أكثر من القوى التي يحتويها الموقف المسرحي.

والصراع نوعان: الصراع الخارجي والصراع الداخلي. والصراع الخارجي هو الصراع الذي يكون خارج النفس الإنسانية، كأن يكون بين قوتين ظاهرتين، أو بين قوتين إحداهما ظاهرة والأخرى خفية، لكنها ظاهرة الأثر. وأما الصراع الثاني، فهو الصراع الداخلي الذي يدور داخل النفس الإنسانية. أي بين الإنسان ونفسه، كأن يكون بين عقله وعاطفته، أو بين عاطفتين متناقضتين، أو بين المعاني المطلقة والأفكار التجريدية. ويركز الكاتب المسرحي في هذا اللون من الصراع على تصوير خلجات النفس وانفعالاتها المختلفة في مجابهة المواقف التي تواجهها، والأحداث التي تمر بها. والصراع هو أحد العناصر الأساسية التي تميز المسرحية عن غيرها من الفنون الأدبية.

6- الهدف: تهدف المسرحية بصورة عامة إلى تأكيد فكرة أو معنى معين في نفس المتلقي، أو نفي الفكرة أو المعنى من نفسه. وكان يرى أرسطو أن المسرحية اليونانية تهدف إلى إثارة عاطفتي الشفقة والخوف في نفوس المشاهدين لا لتثبيتهما في النفوس بل لتطهير النفوس منهما.

ومع التقدم المعرفي والفكري الذي شهدته أوروبا في القرن الثامن عشر أخذ مفهوم المسرح في التغير. وتغير تبعاً لذلك الهدف الذي يسعى لتحقيقه. وبدأت المسرحية تتجه إلى تصوير الواقع الاجتماعي بخيره وشره. وتصوير نوازع النفس الإنسانية ودوافعها.

ولقد اختلفت الأهداف في المسرحية الحديثة، وتنوعت تنوعاً واسعاً. وأخذت المسرحية تنطلق من الواقع الاجتماعي والإنساني. وتصور ما يسود المجتمع من مشكلات وهموم. وما يجيش في النفس الإنسانية من صراع وشجون، وليس معنى ذلك أن المسرحية قد غدت أداة للوعظ والإرشاد. فالمسرحية الجيدة من أهم خصائصها الابتعاد عن ذلك، فهي ترسم الأفكار وتحقق الأهداف في أسلوب غير مباشر من خلال القصص والأحداث المشوقة والشخصيات المختلفة.

المراجع

1- الأدب العربي الحديث، د. سالم أحمد الحمداني ود. فائق مصطفى أحمد، جامعة الموصل، 1987م.

2- الأدب وفنونه، د. محمد مندور، دار نهضة مصر للطبع والنشر، الفجّالة، القاهرة، 1980م.

3- دراسات في النقد العربي الحديث ومذاهبه، د. محمد عبد المنعم خفاجي، دار الطباعة المحمّدية، القاهرة.

4- فن التحرير العربي، د. محمد صالح الشنطي، الطبعة الثالثة، دار الأندلس للنشر والتوزيع، المملكة العربية السعودية، 1996م.

5- في ذاكرة المسرح العربي، د. فائق مصطفى، وزارة الثقافة، بغداد، 1990م.

6- في النقد الأدبي الحديث، د. شوقي ضيف، الطبعة الخامسة، دار المعارف، القاهرة.

7- كتاب أرسطو طاليس في الشعر، نقل أبي بشر متّى بن يونس، تحقيق وترجمة د. شكري عيّاد، دار الكاتب العربي للطباعة والنشر، القاهرة 1997مز

8- المسرح في الوطن العربي، د. علي الراعي، عالم المعرفة، الكويت، 1980م.

9- مقدمة في النقد الأدبي، د. علي جواد الطاهر، المؤسسة العربية للدراسات والنشر، بيروت 1979م.

الفصل الخامس
فن المقالة

د. أحمد حمّاد

المقالة

تُعد المقالة من الفنون المنتشرة انتشاراً واسعاً في هذه الأيام لارتباطها بالصحف والمجلات وكثرة أعداد هذه الصحف والمجلات وتنوع أغراضها وتعدد أهدافها. وقد حاول بعض الدارسين تقديم تعريف للمقالة يجمع أطرافها ويشير إلى أهم خصائصها.

ومن هذه التعريفات أنها: (قطعة إنشائية نثرية ذات طول معتدل، تكتب نثراً وتلمُّ بالمظاهر الخارجية للموضوع بطريقة سهلة سريعة. ولا تُعنى إلا بالناحية التي تمس الكاتب عن قرب)[1]، أو هي (التعبير عن حالة واحدة من حالات مشاعر الأديب، أو عن طور من أطوار حالة واحدة في صفحات قليلة محددة تلتقي كلماتها وفقراتها عند الدافع المباشر أو ما يشيعه هذا الدافع في نفس صاحبه لتنتقل إلى القارئ تأثره وما يصحبه من أفكار وتأثيرات وخطرات[2]...).

فالمقالة وفق هذين التعريفين قطعة إنشائية تكتب نثراً لتعالج موضوعاً عاماً، أو جزءاً من ظاهرة يكون الكاتب فيها ظاهر الشخصية كأنه يعبر عن نفسه بطريقة مباشرة، ويولي لغته اهتماماً متميزاً لتدل على ما يريد قوله من أفكار في صفحات محدودة.

ولعل ما تقدم من تحديد لمصطلح المقالة إنما ينطبق على المقالة بمفهومها الحديث بعد أن استقرت وأصبحت فناً أدبياً متميزاً، ولكن المتتبع لتاريخ المقالة يجد أنها في بداياتها الأولى كانت تبتعد عن هذا التحديد، كما أنها لم تكن مرتبطة بالصحافة كما هي عليه اليوم، وتاريخ المقالة القديم يشهد على ما تقدم، إذ أن بدايات المقالة يرتبط باسم أديب ومفكر فرنسي معروف هو ميشيل دي مونتيني (1533 – 1592) الذي ترك كتاباً كبيراً يحوي آراءه في الحياة والأخلاق ويقتبس كثيراً مما يقرأ في التراثين

---

(1) فن المقالة، د. محمد نجم ص 94.

(2) مقدمة في النقد الأدبي، د. علي جواد الطاهر ص 262.

اليوناني واللاتيني. وقد صبّ هذه الآراء في قطع إنشائية تضم كل قطعة رأياً معيناً أو كلمة يعلق عليها، ثم توسّع بعد هذا فأصبحت شخصية طاغية على ما يكتب، وترك الاقتباس من الكتب القديمة إلا ما يأتي في سياق الكلام غير المقصود لذاته، وقد سمّى مونتيني هذا الكتاب بتجارب مونتيني، وكأنه يدخل عالماً لم يدخله أحد قبله، ولذلك اكتفى بكلمة تجربة لما كتب. أو أن هذه القطع المجموعة هي مجموعة تجارب في الحياة وخلاصة قراءته وآرائه. وانتشر هذا الكتاب انتشاراً واسعاً وترجم إلى الإنجليزية والإيطالية وقرأه فيلسوف إنجليزي معروف هو فرانسيس بيكون (1561- 1626) وتأثر به تأثراً ملحوظاً وكتب بعد هذا كتاباً سمّاه (مقالات) يحتوي على عشر منها هي: (نصائح سياسية وأخلاقية تنفع من يريد أن يتقدم في مدارج الحياة[1]). وقد كتب بيكون مقالاته بأسلوب جاف بعيد عن الطراوة، ولكن تقسيمه السابق وإدراكه لعلمه الجديد جعل الفضل له في إدخال المقالة إلى الأدب الإنجليزي. وتستمر المحاولات في كتابة المقالة وتطالعنا أسماء مثل (وليم كورنواليس) و(دارايدن) الذين أثروا الأدب الإنجليزي بمقالاتهم التي ظهرت على هيئة كتب ولم تتصل حتى وقتهم بالصحافة. ويعتبر القرن الثامن عشر تحولاً جديداً في المقالة لسببين أولهما: ظهور كتّاب كبار تفرغوا للمقالة واعتبروها فناً قائماً بذاته، وكانت النتيجة تنوع الموضوعات التي طرقوها فلم تعد قاصرة على التأمل الشخصي والاقتباس من الكتب بل رنت ببصرها نحو المجتمع تحاول علاج أمراضه بعد تشخيصها والتنبيه إليها. وثاني هذه الأسباب ظهور المجلات الأدبية المتخصصة وفسحها المجال لهؤلاء الكتّاب الكبار ومقالاتهم للظهور والحديث، واعتبار المقالة شكلاً أدبياً متميزاً، ويظهر اسم كاتبين كبيرين هما رتشارد ستيل وجوزيف أديسون، إذ أنشأ أول مجلة (الثرثار) وعاونه الثاني على إصدارها، وأصدرا بعد ذلك مجلة مشتركة اسمها (المراقب). وقد ساعدت هاتان المجلتان على نضج المقالة الحديثة واتخاذها أسلوباً خاصاً في الكتابة يكون قريباً من القرّاء. وتنمو المقالة وتستوي على ساقها في القرن التاسع عشر ويدخل ميدانها أمثال (شارلس لام)، و(لي هنت)، و(هزلت) ويحاولون الخروج على قواعد القرن الماضي

(1) مقدمة في النقد الأدبي. د. علي الظاهر ص 281.

باتساع نطاق موضوعاتهم وظهور شخصياتهم واضحة فيما يكتبون. وتخرج المقالة عن دائرة الأدبين الإنجليزي والفرنسي إلى بقية أقطار القارة الأوروبية، وتجد صدى واسعاً في المجلات والصحف يساعد على انتشارها سرعة الحياة واحتياج الصحف والمجلات إلى مواد تملأ بها صفحاتها، وتستحدث أنواع من المقالات، فهناك السياسية والاجتماعية والعلمية والنقدية مما جعل المقالة من الفنون الأدبية المقروءة والمطلوبة للفائدة التي تقدمها والمتعة التي تحتويها.

ويحاول بعض الدارسين إرجاع المقالة إلى أقدم من (مونتيني) السالف الذكر، إذ يرجعونها إلى بعض أسفار العهد القديم أو بعض الأقوال المأثورة التي تنسب إلى الفيلسوف الصيني (كونفوشيوس) أو إلى بعض فلاسفة اليونان مثل (فيثاغوريس وسقراط وأفلاطون وأرسطو) أو بعض ما كتبه الأدباء اللاتين مثل (كاتو الأكبر) و(ديو جينس) و (كلوديان الشاعر)، ولعل وجود بعض التشابه بين ما خلّفه هؤلاء وما كتبه (موتنيني) هو الذي دعا إلى هذه المقولة مثل الحديث عن النفس أو نقل التجارب الشخصية والاقتصار على موضوع واحد في قطعة مفردة، كل هذا دعا إلى القول بهذه البذور للمقالة الحديثة عند المتقدمين، وعلى هذا نستطيع أن نكتشف في تراثنا العربي نماذج من هذه البذور الأولى للمقالة، ولعل أقرب لون من الكتابة إلى المقالة هو الرسائل، ونحن نعلم أن الرسائل قد احتلّت جانباً كبيراً في التراث العربي، وكان لها أنواع متعددة منها الديوانية والإخوانية والعلمية والحربية والدينية، ويبدو أن أقرب هذه الأنواع إلى المقالة هي الرسائل الإخوانية؛ وذلك لظهور الطابع الشخصي فيها وتحددّ موضوعاتها، ولا يعني هذا أن هذه الرسائل تقتصر على من يرسلها إليهم أصحابها، بل من الممكن أن تكون عامة تنفع جمهوراً معيناً من الناس، مثال ذلك رسالة الحسن البصري في صفة الإمام العادل، ورسالة عبد الحميد الكاتب إلى الكتّاب، ورسالة سهيل بن هارون في مدح البخل، ورسالة عبد اللـه بن المقفع وغيرها[1].

(1) فن المقالة، د. محمد نجم، ص 9 وما بعدها.

والظاهر أن الاهتمام بالشعر وغلبة المحسنات البديعية على الأدب عامة لم يسمح بتطور الرسائل مثلما كان مأمولاً لتصبح فناً مستقلاً فيتحول إلى مقالة مثلاً، ولكن العصر الحديث يشهد تطوراً مهماً للمقالة العربية حيث تتسع آفاقها وتتكون موضوعاتها. ونذكر في البداية أن المقالة العربية الحديثة نشأت في أحضان الصحافة سواء أكانت جرائد أم مجلات، فهي التي فسحت الطريق أمامها ونوّعت من موضوعاتها، ولذلك يرتبط تاريخ المقالة بتاريخ الصحافة، وهناك من يقسم تطور المقالة إلى أربعة أطوار مرتبطة بظهور صحف ومجلات ونوعية المقالات التي كتبت فيها. ونلاحظ في هذه الأطوار انتقال المقالة في طورها الأول من الأسلوب القديم المليء بالمحسّنات والزخارف إلى أسلوب سليم واضح يقوم على الإفهام ونقل الأفكار بصورة لا لبس فيها، كما نلاحظ تغيّر الموضوعات التي تهتم بها المقالة ابتداءً من الشؤون السياسية المباشرة، إلى حركات الإصلاح التي تبنتها بعض الأحزاب والمؤسسات، إلى الموضوعات العامة المتعددة مثل الأدب والاجتماع والعلم[1].

والمقالة في كل هذه الأطوار تأخذ شكلاً أدبياً متميزاً وتصبح جزءاً مهماً في الصحف والمجلات لا تستغني عنه مطلقاً، ويتصدى لكتابتها أعلام بارزون مثل رفاعة الطهطاوي وأديب إسحق وعبد الكريم وعبد الرحمن الكواكبي ومصطفى كامل ولطفي السيّد وعبد الرحمن شكري ومحمد حسن هيكل والمازني والعقّاد وطه حسين والزيّات وغيرهم كثير، ومن المؤكد أن مصر ولبنان قد لعبتا دور الريادة في إنضاج فن المقالة بأنواعه وتطوره بعد ذلك، وكان لانتشار الجرائد والمجلات فيهما السبب الرئيسي لهذا، وقد انتشر هذا الفن في البلاد العربية بعد ذلك، وأصبح لكل قطر كتّابه المتميزون يُغنون فن المقالة، ويعملون على إرساء نوعها وتثبيت لونها.

---

(1) انظر بالتفصيل فن المقالة، د. محمد يوسف نجم، ص 65 وما بعدها.

أنواع المقالات

لقد لاحظنا فيما تقدم أنّ المقالة قد تشعّبت موضوعاتها، وأصبحت تطرق قضايا متعددة، ولذلك ذهب بعض الدارسين يستقرئ أنواعاً مختلفة من المقالات بالإسناد إلى موضوعاتها، وقسّموا المقالة إلى نوعين كبيرين هما: المقالة الذاتية والمقالة الموضوعية، وينضوي تحت هذين النوعين ألوان متعددة من المقالات، ويبدو أن الفرق الجوهري بين هذين النوعين الكبيرين هو شخصية الكاتب ومدى ظهورها في مقاله إذ تظهر هذه الشخصية واضحة في المقالة الذاتية، بينما يكون الموضوع هو البارز والمسيطر في المقالة الموضوعية، يضاف إلى ذلك تلك الحرية في الأسلوب وطريقة العرض التي تتميز بها المقالة الذاتية ،بينما تحرص المقالة الموضوعية (على التقيّد بما يتطلبه الموضوع من منطق في العرض والجدل وتقديم المقدّمات واستخراج النتائج)[1].

ولعل المقالة الذاتية هي الأساس الذي تفرعت منه بقية الأنواع، إذ نجد جذورها واضحة قوية منذ (مونتيني) وحتى العصر الحاضر.

ويمكن تقسيم المقالة الذاتية إلى ما يلي[2]:

1) الصور الشخصيّة: وهي أفضل ما يمثّل المقالة الذاتية، إذ يعبّر فيها الكاتب تعبيراً واضحاً عن نفسه ويعالج قضية ما من خلال هذه النفس ويعكس تجاربه وآراءه من خلالها، فكأن الكاتب هنا صديق يتحدث عن نفسه بأسلوب أليف ويحاول مدَّ الجسور بينه وبين القارئ.

2) مقالة النقد الاجتماعي: تهتم هذه المقالة بالحديث عن العادات الاجتماعية وتباين رأي الكاتب فيها محاولاً الوصول إلى أسباب العلل الاجتماعية ووضع الحلول لها، وهذا كلّه بأسلوب شخصي يبتعد عن الموعظة ويقترب كثيراً من التفاعل مع هذه العادات وإظهار عيوبها أو محاسنها.

---

(1) فن المقالة. د. محمد يوسف نجم، ص 97.

(2) انظر فن المقالة، ص 102 وما بعدها.

3) المقالة الوصفيّة: وهي الرؤيا الشخصية للكاتب عن بيئته التي يعيش فيها، أو بيئات أخرى كان قد ذهب إليها، وتعتمد هذه المقالة على دقّة الملاحظة والمهارة في رصد الظواهر والإحساس بالطبيعة.

4) مقالة السيرة: وهي حديث عن موقف معين أو لحظة خاصة لشخصية إنسانية يبدي الكاتب من خلالها تأثره بهذه الشخصية وانطباعاته عنها، وهي تختلف اختلافاً واضحاً عن كتابة السيرة إذ لا يعني الكاتب هنا كثيراً بجمع المعلومات وتنظيمها مثلما يفعل كاتب السيرة بل غايته تسليط الضوء على ذلك الموقف من الشخصية وجعلها أمامنا متحركة نابضة بالحياة.

وننتقل إلى المقالة الموضوعية فنراها تقسم إلى ما يلي:-

1) المقالة النقدية: وهي مختصة بالأدب أو الفن عموماً، وفيها يتحدث الكاتب عن قضية أدبية أو أديب، أو يتناول أثراً فنياً بالنقد والتحليل، وللمقالة النقدية ارتباط بالمجلات الأدبية أو الفنية فهي تساعد على معالجة مثل هذه الموضوعات، وتجد هذه المقالة مكانها الملائم فيها.

2) المقالة العلمية: ويحاول الكاتب فيها أن يعرض إحدى النظريات العلمية أو يصف واحداً من المخترعات بأسلوب علمي موضوعي، أو يقصد الكاتب فيها تبسيط مواد العلوم لطائفة كبيرة من القرّاء وجعل المواد العلمية سهلة ميسّرة بيد القرّاء.

3) مقالة العلوم والاجتماعيات: وتعرض هذه المقالة لشؤون السياسة والاقتصاد والاجتماع، وهي من المقالات الواسعة الذيوع في هذه الأيام لانتشار الجرائد السياسية اليومية انتشاراً واسعاً، واهتمام كثير من الناس بمسائل الاقتصاد والسياسة وربطها بمشاكل المجتمع.

بناء المقالة

نرى من الضروري ونحن نتحدث عن المقالة أن نقف قليلاً عند بنائها أو هيكلها العام. ونودّ أن نبيّن أن التفريق بين المقالة الذاتية والموضوعية لا يعني أن الكاتب في الأولى يطلق لقلمه العنان ليكتب ما يشاء بل إنّ التنظيم والترتيب مطلوب في كلا النوعين. ويمكن القول إن المقالة تتكون من عنصرين هما المضمون وطريقة المعالجة، ولا ينفصل الواحد عن الآخر أبداً، ولكنه فصل شكلي فحسب بغية الدراسة.

أما المضمون فالمقصود به الموضوع الذي سيعالجه الكاتب إذ يجب أن تدور المقالة على موضوع معين يكون محور الحديث فيها، حتى في المقالة التأمّلية أو التي تتحدث عن الذات يجب أن يخصص الكاتب زاوية من زوايا الذات أو عاطفة معينة ليتحدث عنها، وربما وضع بعض الكتّاب عناوين لمقالاتهم فكان هذا العنوان هو رأس الخيط لذلك المضمون الذي سيحتويه المقال.

ويأتي دور العنصر الثاني بعد اختيار الكاتب موضوعاً معيناً، كيف يصبّ هذا الموضوع في مقال؟ نحن نعلم أن مساحة المقال محدودة ولكل كلمة حسابها، ويذكّرنا هذا الأمر بالقصّة القصيرة، فعلى الكاتب هنا أيضاً أن يختار ألفاظه ويسلسل أفكاره بوضوح ودقّة ليصل إلى غايته في نهاية تتناسب مع الحجم المخصص للمقال، ويبدأ الكاتب بأن يضع مقدمة لمقاله، وتكون في الغالب سريعة وممهدة لدخوله الموضوع، ثم ينصرف إلى صلب موضوعه فيغنيه بالتفاصيل والشواهد، ولا نعني هنا أن تكون التفاصيل خارجة عن الموضوع، بل يجب أن تكون موضّحة له مبيّنة أفكاره العامة. وتأتي الشواهد لتدعم هذه التفاصيل، ويخلص الكاتب بعد هذا إلى خاتمة معينة يراها مناسبة للموضوع العام لينتهي إلى النتيجة العامة للمقالة وما توصلت إليه. ونستطيع أن نسمّي ما تقدم تخطيطاً عاماً للمقالة يصلح لجميع أنواعها، ولكنّ هذا لا يعني في الوقت نفسه التزام الكاتب بهذا التخطيط التزاماً تاماً، فكثير من الكتّاب المتمرسين يبدؤون مقالاتهم بغير مقدمات أو يتركونها بغير نتائج بغية إشراك القارئ معهم في القضية المبحوثة، كما أنّ بعض المقالات الذاتية تقتضي انسياباً أسلوبياً وفكرياً يتأبّى على هذا التخطيط. ويبقى اهتمام الكاتب بموضوعه وتسلسله وحرصه على لغته في أن تكون دقيقة معبرة خير معين للكاتب كي تخرج مقالته أيا كان نوعها جيدة بعيدة عن الخلل أو التطويل.

المراجع

1) فن المقالة، د. محمد يوسف نجم.

2) مقدمة في النقد الأدبي، د. على جواد الطاهر.

الفصل السادس
البحث

د. إبراهيم صبيح

أولاً- الباحث

الباحث، في أوجز تعريف له، هو من يفتّش عن حقيقة ما، وطريق الحقيقة طويلة شاقّة، لا يُمكن أن يسلكها أو يصل إلى منتهاها إلاّ من توافرت فيه شروط نفسية وأخلاقية وعلمية[1] كي يستخدمنا في إنجاز بحثه الذي يجب أن يعتمد على الخصائص التالية:

1. الصبر والجلد والمثابرة وسعة الاطلاع؛ لأن كل هذه العوامل هامة وضرورية عند الإقدام على إنجاز أي بحث من الأبحاث على اختلاف أنواعها.
2. الرغبة في تحقيق البحث، بعيداً عن الملل والكلل، لأن الرغبة الأكيدة هي التي تدفع الباحث وتشجعه على إنجاز بحثه بكل همّة ونشاط.
3. لا بد للباحث من أن يوسّع ميدان بحثه، بالقراءة والاستقصاء، بحيث يكون ملمّاً بكثير من التخصصات، واسع الثقافة والإطّلاع، كي يأتي بحثه شاملاً كاملاً.
4. الاطّلاع على آراء الغير، لما لهذه الآراء من أهمية كبيرة في إنجاز البحث وإثرائه، وإعطائه قيمة علميّة أكبر.
5. على الباحث أن يكون دقيقاً في فهم النصوص التي يتناولها في بحثه.
6. لكل كاتب رأي يبديه، فلا بدّ من احترام آراء الآخرين والاستعانة بما يراه الباحث ذا قيمة علمية في بحثه.
7. الثقة بالنفس، وعدم الاستهانة بالكفاءة الشخصيّة، والمهارة الذاتيّة، بعيداً عن الغرور، وهذا دليل قوي على نجاح الباحث في الوصول إلى الهدف المطلوب من خلال الثقة القوية بعيداً عن الغرور وتسفيه رأي الآخرين.
8. إن الباحث الجيد، هو ذلك الباحث الذي يسلّح بعقلية منطقية منظمة، تهتم

(1) منهجية البحث: إميل يعقوب، طرابلس لبنان 1986: 23.

بترتيب الأفكار وتحليلها وتنظيمها وترابطها.. لأن النظام أساس الشخصية السويّة، ونجاحها في الحياة العلمية.

9. التدريب على النقد العلمي والشك الذي يوصل صاحبه إلى اليقين، ثم التثبّت وعدم الاستسلام للبديهات والأفكار العامة، بعيداً عن التسرّع في إطلاق الأحكام العامة، بغية الوصول إلى الحقيقة.

10. البعد عن التعصّب الأعمى لأي عالم من العلماء؛ لأن هذا التعصّب يؤدي بصاحبه إلى إعطاء الأحكام المسبقة على الموضوع دون مراعاة الحقيقة والواقع وطبائع الأشياء.

11. الأمانة العلمية في النقل، والأخذ من الآخرين، ثم عرض الأفكار وعزوها إلى أصحابها، كي يبقى البحث الذي يكتبه ذا قيمة وذا معنى.

12. إن الباحث الجيد، يحرص على تثبيت مراجعه العلمية والمصادر التي أخذ عنها والكتب التي استند إليها في بحثه، كي ينال احترام الآخرين وثقتهم [1].

---

(1) انظر منهج البحث وتحقيق النصوص: يحيى الجبوري، دار الغرب الإسلامي- بيروت- لبنان – 1993: 25 – 26.

ثانياً: البحث

1- تعريفه:

البحث: هو محاولة جادة يقوم بها الباحث لاكتشاف جزء هام من المعرفة، لإذاعته بين الناس، وبالتالي الاستفادة منه، أو حيثما نتناول كتاباً بالدراسة والتحليل والنقد والتعليل، نقول: إن هذا العمل هو بحث علمي جديد، أو بحث أدبي رصين.

والبحث في أبسط تعاريفه هو طلب الحقيقة، وإذاعتها بين الناس، سواءً اتفقت هذه الحقيقة مع ميول الباحث أم لم تتفق، دون أن يكون له رأي سابق، قد حكم به وأفتى على أساسه.

والبحث أيضاً هو: طريق جيد للوصول إلى الحقيقة، أو ربما يكون أفضل الطرق لمعرفة الحقائق الجديدة في موضوع من الموضوعات[1] المتعددة سواء العلمية منه أو الأدبية أو الاجتماعية.

والهدف من البحث هو: أن يسهم الباحث ببحثه هذا بشيء جديد لم يطرق من قبل، وإن كان قد طرق، فالهدف تبيان الحقائق الجديدة التي لم يكشف عنها في الأبحاث المطروقة، بحيث يقدم خدمة هامة إلى المعرفة الإنسانية حول الموضوع الذي يختاره الباحث[2].

2- ميدانه:

للبحث ميادين عدّة يحسن الخوض فيها، وهي:

أ. الميادين العلمية.

ب. الميادين الأدبية.

---

(1) منهج البحث: 22.
(2) دليل الباحث: 15.

ج. الميادين الاجتماعية.

د. الميادين الفنية.

3- أقسامه:

بقسم البحث إلى ثلاثة أقسام:

أ- المقالة: وهي بحث قصير، يبتعد الباحث قدر الإمكان عن الإطالة والامتداد والتعمّق في الموضوع المطروق بحثه، كما هو في الرسالة والأطروحة.

ب- الرسالة: بحث يقدم لنيل الشهادة الجامعية الأولى البكالوريوس، أو الشهادة الجامعية الدبلوم. وهي تعطى للطالب بعد شهادة البكالوريوس، ثم شهادة الماجستير. وتتراوح صفحاتها بين مئة وألف وخمسمائة صفحة، وقيمتها تأتي من منهجها وأسلوبها وموضوعها.

جـ- الأطروحة: بحث يقدمه الطالب لنيل شهادة الدكتوراه في اختصاص ما من الاختصاصات المختلفة، وهي أعلى درجات البحث العلمي قيمة وعلماً ومنهجاً، وتأتي أهميتها من كونها دراسة تكشف أموراً جديدة خفيت على المتقدمين من الباحثين أو التبست عليهم، وكذلك على ما تقدمه للعلم من مستجدات تساعد في تطوره ونمائه[1].

وعدد صفحات الأطروحة يزيد على عدد صفحات المقالة والرسالة؛ لأنها تجلو حقائق جديدة لم تطرق، ولم تتوفر بالضرورة في الرسالة.

4- سمات البحث الجيد:

للبحث سمات منهجية معروفة لدى الباحث، كتلك التي سلكها العلماء الأوائل والباحثون القدامى في أبحاثهم وأساليب كتاباتهم المنهجية المختلفة، ومصطلحاتهم

---

(1) منهجية البحث: 29.

العلمية المتعددة، فالعلوم والبحث العلمي سابقة للمنهج، والمنهج يختلف بدوره عن المنهجية التي هي مجموعة معايير وتقنيات ووسائل، يجب اتباعها قبل البحث، وفي أثنائه[1] ولمزيد من التوضيح نقول: إن أهم سمات البحث المنهجية كونها وصفية توضح الطريقة التي يسلكها الباحث في إخراج بحثه ضمن معايير محددة مقننة.

كذلك فإن سمات البحث تختلف من علم لآخر، فللعلم مناهجه، وللأدب مناهجه وكذلك للّغة والتاريخ.. إلخ.

ومن أهم سمات البحث النقد والتقويم، الذي يفصل، ويوضح، ويصنّف ويربط ذلك بالمنطق والاستدلال والاستنتاج[2] وهناك من يحصر هذه السمات في ثلاث، الدقة والوضوح والثبات على الأسلوب[3].

5- مراحل إجراء البحث:

- طريقة اختيار البحث:

إن طريقة اختيار البحث مهمة، بل هي أهم عقبة تقف أمام الباحث، فإذا تجاوزها فتحت أمامه الطريق للشروع في كتابة البحث.

وعندما نقول إن اختيار البحث مشكلة تقف أمام الباحث، فلأن الباحث لا يعرف بالدقة المطلوبة ما الأبحاث التي تناولها من سبقه، وما الاتجاهات التي يمكن أن يكتب فيها. ومن هنا جاءت الصعوبة في طريقة اختيار البحث الجديد.

إن اختيار موضوع البحث مهمة ليست سهلة، بل يعترضها كثير من المصاعب والإشكالات، منها ما يتعلق بالموضوع الذي يجب أن تتوافر فيه صفات؛ منها الجدّة وتوافر المصادر، وأن يكون نافعاً مجدياً[4].

---

(1) منهجية البحث: 10.

(2) المرجع نفسه: 11.

(3) دليل الباحث: 29.

(4) المرجع نفسه: 11.

والمفيد للطالب الجاد في أبحاثه أن يلجأ إلى أساتذته ليستعين بهم في اختيار بحثه لما لهؤلاء الأساتذة من إلمام واسع في موضوع البحث والاستقصاء والتدوين.

كذلك، على الطالب الذي يسعى لأن يكون بحثه ذا قيمة وفائدة، أن يعي دوره الهام في اختيار بحثه، لاسيما إذا عرف أن اختيار موضوع البحث من مسؤولية الطالب نفسه، لذا، يحسن الاستعانة ببعض الأساتذة للاستئناس برأيهم، كما ننصح بالتمهل في اختيار البحث مع الاستعانة بالقراءات الكثيرة كي تساعد الباحث على إتمام بحثه على خير وجه.

- المعايير التي يجب مراعاتها في اختيار البحث:

على الباحث الجاد أن يراعي عدة معايير هامة عند إجراء بحثه، كالرغبة في الكتابة والجدّة عند كتابة البحث الذي لم يسبقه أحد إليه، ثم مراعاة أهمية وجدارة هذا البحث، وكذلك أن يكون محدداً، وتكون مادته متوفرة، وقادر على الكتابة فيه ومعالجة مختلف جوانبه.

وعلى الباحث أن يعي أن البحث العلمي ليس جمعاً للمعلومات ولا سرداً لها، كما ولا يكفي توليف الحقائق ووضعها في قالب منظم فقط، بل لابد أن ترافقها دراسة حول الخلفية أو العوامل المؤثرة من دينية واجتماعية وثقافية، بغية الوصول إلى الحقيقة.

وهذه الصورة المثلى التي يجب مراعاتها في اختيار البحث وتقديمه للقراء:

أ. الرغبة في كتابة البحث:

إذا توافرت الرغبة في عمل ما عند الباحث، جاء هذا العمل متماسكاً متكاملاً، أما إذا فرض عمل ما، أو بحث من الأبحاث على الباحث، فإن الإبداع يبقى محدوداً، لأن صاحبه يشعر بالضيق النفسي، وبالصعوبة تكبّله وتحد من عطائه مهما كان نوع هذا العطاء، ويرى الدكتور (إميل يعقوب): إن البحث القائم على سبب داخلي أساسه حب الحقيقة واللذة في الاكتشاف، فيؤتي ثماراً جيدة، لذا فإن أهم شروط

النجاح في أي بحث تنحصر في رغبة الباحث فيه وانسجامه معه.

ب. الجدّة في طرق البحث:

كي يكون البحث ذا قيمة وذا فائدة، لا بد أن يكون جديداً غير مطروق من قبل أو مكرّر، أو كتب فيه باحث آخر.

من هنا جاءت أهمية تعاون الجامعات والمعاهد العلمية حول الأبحاث التي لديها، وذلك عندما تصدر الكتب والنشرات بالأبحاث المطروقة، كي يتجنب الباحثون التكرار قدر الإمكان، وإن كان تجنب ذلك صعباً. لأن الأبحاث والرسائل العلمية كثيرة يصعب حصرها، والباحثون ودور النشر والمؤسسات العلمية أكثر.

ج. أهمية موضوع البحث:

لا بد أن يكون الموضوع المطروق ذات أهمية خاصة، من حيث فائدته في تطوير الناحية العلمية، بحيث يعود بالنفع على المجتمع، ويقدم خدمة جليلة لدور العلم، والمؤسسات الاجتماعية ولطلبة العلم والباحثين.

د. حصر البحث وضيق ميدانه:

كلما انحصرت المادة العلمية، وضاق الموضوع المراد بحثه، جاء البحث المطروق أكثر دقة، وأعمّ فائدة، لأن الإحاطة بالمواضيع الواسعة المتشعبة صعب، وتحتاج إلى جهد كبير قد لا يقوى عليه إلا الباحث الجاد المتميز، لذا فإن الحرص على حصر الأبحاث وضيق ميدانها، إنما هو من قبيل البعد عن المعالجة السطحية في معظم الحالات، (فمن الخطأ تناول عصرين من العصور الأدبية، أو تناول سيرة شاعر من الشعراء المرموقين كالمتنبي أو أبي تمام أو جرير أو شوقي أو الرصافي، أو غرض أدبي كالغزل أو المدح أو الهجاء)[1]. لأن لهذا التسطح والتشتت تقليل من صلاحية البحث وأهميته. لذا فإن أهمية البحث تأتي من القيمة العلمية المحصورة فيه، وكذلك من ضيق ميدان البحث المطروق.

---

(1) منهجية البحث: إميل يعقوب: 32.

هـ وفرة المادة ووفرة مصادر البحث ومراجعه:

إن وفرة المصادر والمراجع لأي بحث، إنما تعطيه قيمته العلمية الكبيرة، وتجعل منه مادة تستحق الاهتمام والدراسة، لأن من يحضّر رسالة الماجستير أو أطروحة الدكتوراه فهو بحاجة إلى المراجع القيّمة التي تعطي بحثه قيمة عليمة وأدبية عند القراء، كما أنه أي الباحث بحاجة إلى المعلومات المتوفرة في أكثر من مصدر يحتاجه الباحث في بحثه، ولا يسعفه إلاّ وفرة المصادر وكثرة المراجع، فيلجأ إليها ليستعين بها، فتعينه.

و. القدرة على معالجة البحث:

إن القدرة على معالجة أي بحث من الأبحاث تتعدد وتتنوع، بحيث تشمل القدرة الثقافية والعلمية والمادية وتوفر الوقت اللازم. ومن هذه القدرات المعرفة باللغات الأجنبية التي تزود الباحث بالإطلاع على ثقافات الغير وعلومهم، فيأتي بحثه رزيناً متكاملاً. وإذا لم تتوفر للباحث الإلمام باللغات الأجنبية، وتعذر ذلك عليه، فلا مناص من التركيز على ترجمات هذه اللغات. كذلك يجب أن يتوفر للباحث المال ليتسنّى له شراء الكتب والمراجع اللازمة لبحثه.

ومن المفيد للباحث الزيارات المتواصلة للمكتبات للإطلاع على المراجع لما لها من فائدة كبيرة في إتمام البحث، كي يخرج جيداً.

مراحل الدراسة الجامعية:

يمر الطالب الجامعي في ثلاث مراحل دراسية، هي:

1) مرحلة الإجازة (الليسانس أو البكالوريوس): والإجازة هي الاسم العربي لهذا المؤهل الجامعي، ومعنى كلمة إجازة، إنها تجيز لحامل هذه الشهادة العمل في المحاماة، أو التعليم في الآداب أو العلوم أو غير ذلك. وعدد السنوات الدراسية في هذه المرحلة، تتراوح بين ثلاث سنوات في النظام الفرنسي، وأربع سنوات في النظام المتّبع في الأقطار العربية [1].

---

(1) منير البعلبكي، المورد، 526.

2) مرحلة الدبلوم أو الماجستير: وهي مرحلة تلي مرحلة الليسانس أو البكالوريوس، ومدة الدراسة في هذه المرحلة سنتان، وهناك من يشترط على الباحث قبل البدء في تحضير بحثه، سنة تحضيرية في دراسة المواد المتعلقة في مجال التخصص الدقيق، دون تحديد الحجم الذي تكتب فيه المادة.

3) مرحلة الدكتوراه: ومدة الدراسة في هذه المرحلة العلمية الهامة، تتراوح بين سنتين وأربع سنوات، وهذه المرحلة أربعة أنواع:

أ. الدكتوراه الفخرية: وهي شهادة تعطى لبعض العلماء المميزين أو الأدباء المشهورين أو الأعلام السياسيين، أو الشعراء البارزين، وذلك استناداً إلى مكانة هؤلاء العلمية أو الأدبية أو الاجتماعية أو السياسية، دون الالتفات إلى أبحاث يتقدمون بها للحصول على هذه الدرجة الفخرية.

ب. الدكتوراه الجامعية: وهي شهادة تمنحها بعض الجامعات الفرنسية للطلاب الأجانب بناء على بحث يتقدمون به للحصول على هذا المؤهل العلمي، وتناقش هذا البحث لجنة مكونة من ثلاث أعضاء.

ج. دكتوراه الحلقة الثالثة: ولا توجد هذه الشهادة إلا في النظام الفرنسي وحده، ومدة الدراسة فيها سنتان، وينالها الطالب بناء على بحث تناقشه لجنة مكونة من ثلاثة أعضاء.

د. دكتوراه الدولة: ومدة الدراسة في هذه الشهادة ثلاث أو أربع سنوات وتمنح لطالبها بناء على بحث يتقدم به، وتناقشه لجنة من أربعة أعضاء.

التسجيل في الجامعة، وتقديم مشروع البحث (الخطة) إليها:

يقوم الطالب بعد اختيار موضوع بحثه، والاطمئنان إلى أنه موضوع جدير بالدراسة، وبعد القراءة الواسعة فيه، وفيما حوله، يرسم الطالب خطة بحثه، بحيث تكون هناك خطتان، الأولى مختصرة، تكوّن الهيكل العام للبحث، والثانية خطة مفصّلة

تعتمد في البحث وتتضمن كل الجزئيات، وهذه تكون دليل الباحث التي ترسم خط سيره"(1).

ويستحسن في الطالب مراجعة دليل الجامعة قبل الشروع في التسجيل، لأن شروط التسجيل تختلف من جامعة لأخري.

وعلى الطالب الدراسات العليا تقديم خطة تسمى خطة البحث للكلية أو القسم المختص أو الأستاذ المشرف عليه، وبناء على هذه الخطة يقبل البحث أو يرفض، وتتضمن خطة البحث المقدمة هذه، ما يأتي:

1-عنوان الموضوع: ويشترط في عنوان الموضوع أن يكون واضحاً، محدداً جديداً، نابعاً من الموضوع نفسه، ودالاً عليه، بحيث تعبّر الخطة عن كل أجزاء الموضوع.

2-المقدمة: وترد في بداية البحث، وتبيّن السبب في اختيار الموضوع وأهميته ومنهجه في البحث(2).

3-تحديد أهمية الموضوع.

4-الاستئناس بخطط الأبحاث المشابهة، ولاسيما الجيد منها: لأن الخطوات الأولى الصحيحة تؤدي إلى وضوح الهدف وسلامة الوصول(3).

اختيار الأستاذ المشرف:

هناك من الجامعات من تعيّن المشرف بنفسها، وهناك من الجامعات من تسمح للطالب باختيار الأستاذ المشرف على بحثه بنفسه. والشرط الأساسي في اختيار الأستاذ المشرف أن يكون متخصصاً في ميدان البحث.

---

(1) منهج البحث وتحقيق النصوص: 32.
(2) المرجع السابق: 34.
(3) المرجع نفسه: 34 – 35.

العلاقة مع الأستاذ المشرف:

الصلة التي تربط الأستاذ المشرف بالطالب الذي يشرف على رسالته، هي علاقة الأب بابنه. إذ يرى المشرف أن لا بد من تشجيع الطالب الباحث، والأخذ بيده نحو تحقيق هدفه العلمي، بعيداً عن فرض الآراء الشخصية مهما كانت هذه الآراء مصيبة، لأن الطالب هو المسؤول الأول عن موضوعه، وكذلك مراقبة وتوجيه الأستاذ المشرف وإرشاده لما له من أهمية كبيرة ومفيدة، لأن الأستاذ المشرف في نهاية المطاف يعتز ويفتخر بنجاح طالبه وتفوقه، ويتألم لإخفاقه[1].

---

(1) كمال البازجي: إعداد الأطروحة الجامعية: 21.

المراجع

1) إعداد الأطروحة الجامعية، كمال اليازجي.

2) دليل الباحث، د. ظفر الإسلام خان، دار البشير، 1996.

3) منهج البحث وتحقيق النصوص، د. يحيى الجبوري، دار الغرب الإسلامي.

4) منهجية البحث، د. إميل يعقوب، طرابلس، لبنان 1986.

الفصل السابع
الرسائل

د. إبراهيم صبيح

الرسائل

عند تناول الرسائل، لا بد من الحديث عن التعبير بأنواعه، ولاسيما التعبير الوظيفي؛ لأنه في الأصل (نوع من أنواع التعبير، يتم فيه إبراز الأفكار والمعاني التي تتضمنها الرسالة، كما أنه يخضع لقواعد معينة متفق عليها، ويحاول كاتبه أن يكون كلامه مفهوماً؛ لأنه يستخدم كلمات محددة، وأساليب مقننة[1].

وقد تعددت مجالات التعبير الوظيفي، فاستخدم في كتابة الرسائل الإخوانية والرسائل الديوانية، كما أصبح يستخدم في أمور حياتنا اليومية على نطاق واسع[2].

تعريفها:

الرسالة، فن عربي قديم، ما زال له دوره وأهميته، والرسائل نوعان: شخصية أو إخوانية، كما كانت تسمى، أو رسمية أو ديوانية، وقد كان للرسائل الديوانية تقليدها ورسومها، وقد عبّرت الرسائل الديوانية عند ظهورها عن انعطافة هامة في تاريخ النثر العربي، وأدّت إلى ظهور طبقة من الكتّاب نهضت بهذا الفن مثل عبد الحميد الكاتب، الذي يعد بحق صاحب نهج جديد في الكتابة النثرية العربية، إذ يقال بدأت الكتابة بعبد الحميد وانتهت بابن العميد[3].

ويطلق على فن الرسالة المكاتبات، وهي مخاطبة الغائب بلسان القلم، ويجب أن يراعى فيها أحوال الكاتب والمخاطب والعلاقة بينهما، وقد تنبّه إلى ذلك القدماء وأوصوا به[4].

---

(1) المصري، محمد عبد الغني والبرازي، اللغة العربية، 420.

(2) حجازي، هيثم علي، مفاهيم أساسية في اللغة والأدب، الدار الأهلية- عمان: 209.

(3) أحمد زكي صفوت، جمهرة رسائل العرب، مكتبة الحلبي- القاهرة: 1971.

(4) أحمد صالح الشنطي، فن التحرير العربي، دار الأندلس- السعودية 1994. ص 173 - 174.

مقوماتها:

- البساطة: التي تجعل الكلام بعيداً عن التكلف والزخرفة.
- الجلاء: ويعني خلو الكلام من الغموض والتعقيد.
- الإيجاز: ويعني خلو الكلام من الحشو والتطويل.
- الملاءمة: ويعني التناسب بين الكلام ومنزلة المرسل إليه.
- الطلاوة: ويقصد بها الجودة والعذوبة وسلامة المعنى وسلامة الحديث[1].

1- الرسائل الديوانية:

وهي الرسائل الرسمية التي تدور حول التهاني بأنواعها، والمناسبات الرسمية كتقليد الوظائف، والمكاتبات التي تجري بين الملوك والأمراء والحكام وأصحاب المناصب الرفيعة، ولكل رسالة من هذه الرسائل أسلوبها الخاص بها والذي يتفق ومضمونها.

وقد تميزت الرسائل الديوانية القديمة بطولها، وبراعة الاستهلال، والإكثار من ذكر الآيات القرآنية والأحاديث النبوية والأبيات الشعرية، والبيان والبديع.

أما في العصر الحديث، فقد خلت هذه الرسائل من البديع والزينة اللفظية والآيات القرآنية، وتميّزت بقصرها، والدخول إلى الموضوع مباشرة.

ولقد اختفى مصطلح الرسائل الرسمية وهي الرسائل التي تكون بين مسؤولين بصفة رسمية: ومن شخص إلى مسؤول أو العكس مثل طلب وظيفة أو طلب استفسار أو رد على استفسار أو غير ذلك.

2- الرسائل الخاصة (الإخوانية):

وهي التي تدور أحداثها بين الأقارب والأصدقاء، ويطلق عليها الرسائل الأهلية. وفي هذه الرسائل يعبر كاتبها عن نفسه، فيأتي كلامه بسيطاً بعيداً عن التكلف أو

---

(1) المرجع السابق، ص 174.

التعقيد ومن هذه الرسائل، الرسائل الإخوانية، ورسائل الشوق، والاستعطاف والعطايا والمنح.

3- الرسائل الأدبية:

وهذا النوع من الرسائل يكون عادة متبادلاً بين الأدباء، حيث يجري فيها عرض ومناقشة القضايا الأدبية والنقدية وربما تكون هذه الرسائل مقصورة على تبادل المشاعر الودية بين الأدباء.

والرسالة تتكون من ثلاثة عناصر أساسية وهي المقدمة والعرض والخاتمة، وتجب العناية بكل جزء من هذه الأجزاء الثلاثة، فالمقدمة هدفها التنبيه إلى الموضوع وبدء اتصال ودّي مع المرسل إليه. وهي قصيرة موجزة ولا تأخذ أكثر من فقرة واحدة.

أما العرض فيهدف إلى عرض موضوع الرسالة مع التفصيل والشرح والتوضيح، وقد يستغرق أكثر من فقرة تتناول جميع جوانب الموضوع.

والخاتمة يفترض بها أن تكون موجزة مثل المقدمة وتهدف إلى تلخيص الموضوع وتحديد الهدف المراد من كتابة الرسالة.

ويجدر بكاتب الرسالة أن يراعي الأسس التالية في رسالته:

1. أن تكون لغة الرسالة سليمة من حيث اللغة والنحو والإملاء. وأن تكون بعيدة عن التكلف والصناعة اللفظية.

2. وضوح الأفكار. إذ يجب أن يحدد الكاتب أفكاره، وأن يعرف ما يريد الكتابة فيه، وأن يعبّر عن ذلك بدقّة واختصار.

3. أن يبتعد الكاتب عن التكرار، لأن ذلك يبعث على الملل وينفّر قارئ الرسالة.

4. تخيّر اللهجة المناسبة في كتابة الرسالة، كأن تكون لهجتها ودية أو باردة، أو محافظة. وأن يتخيّر الكاتب اللهجة الملائمة في ضوء ما يعتقده مناسباً.

أولاً: (1) نموذج من الرسائل الديوانية (الرسمية) القديمة:

كتاب معاوية إلى أهل البصرة

لَمّا جاء معاوية كتابُ عمرو، دعا عبد اللـه بن عامر الحَضْرَمِيّ، وقال له: **سر على بَرَكة اللـه إلى أهل البصرة فانزل في مُضر، واحذر ربيعَ، وتودّد الأزْدَ وانعَ ابن عَفّان، وذكّرهم الوَقعة التي أهلكتهم، ومَنٍّ من سَمِع وأطاع دنيا لا تَفْنَى، وأَثَرةً لا يفقدها حتى يفقِدنا أو نفقِده،** ودفع إليه كتاباً، وأمره إذا قَدِم أن يقرأه على الناس.

فسار ابن الحضرمي حتى نزل البصرة في بني تميم، وسمع بقدومه أهلُها، فاجتمع إليه رؤوسهم، فَخَطبَهم بما أمره به معاوية، وقام بعضهم فسفَّه رأيه، وتبودلت الخطب في هذا المقام، ففضَّ ابن الحضرمي كتاب معاوية وقرأه عليهم، فإذا فيه:

من عبد اللـه معاوية أمير المؤمنين إلى من قُرِئَ كتابي هذا عليه من المؤمنين والمسلمين من أهل البصرة:

سلام عليكم، أما بعدُ: فإنّ سَفْكَ الدماء بغير حِلّها، وقَتْلَ النفوس التي حَرّم اللـه قَتلَها، هلاك مؤبق[1]، وخُسران مُبين، لا يقبل اللـه ممن سفكها صرفاً ولا عَدلاً، وقد رأيتم رَحِمكم اللـه آثار ابن عفان، وسيرته، وحُبّه للعافية ومَعدِلَته، وسَدَّه للثُّغور وإعطاءه في الحقوق، وإنصافه للمظلوم، وحبه للضعيف، حتى توثّب عليه المتوثبون، وتظاهر عليه[2] الظّالمون، فقتلوه مُسلِماً مُحرِماً[3]، ظمآن صائماً، لم يسفك فيهم دماً، ولم يقتل منهم أحداً، ولا يطلبونه بضربة سيف ولا سوطٍ، وإنما ندعوكم أيها المسلمون إلى الطلب بدمه، وإلى قتال من قتله، فإنّا وإياكم على أمرِ هُدىً واضح، وسبيل

---

(1) أوبقه: أهلكه.

(2) أي تعاونوا عليه.

(3) المحرم: الذي له حرمة، والذي يحرم علينا قتاله.

مستقيم، إنكم إن جامَعتُمونا طَفِئتِ النَّائرة، واجتمعت الكلمة، واستقام أمرُ هذه الأمة، وأقرَّ الظالمون المتوثبون الذين قتلوا إمامهم بغير حق، فأُخِذوا بجرائرهم، وما قدَّمت أيديهم.

إنَ لكم أن أعملَ فيكم بالكتاب، وأن أُعطيكم في السّنة عطاءَين، ولا أحتمل فَضلاً من فَيئكم عنكم أبداً، فسارعوا إلى ما تُدْعَون إليه- رحمكم الـلـه.

وقد بعثت إليكم رجلاً من الصالحين، كان من أمناء خليفتكم المظلوم ابن عفان وعُماله وأعوانه على الهدى والحق، جعلنا الـلـه وإياكم ممن يُجيب إلى الحق ويعرِفه، ويُنكر الباطل ويَجحَده، والسلام عليكم ورحمة الـلـه.

فلما قرئ عليهم الكتاب، قال معظمهم: سمعنا وأطعنا.

(شرح ابن أبي الحديد م1: ص 35)

(2) نموذج من الرسائل الديوانية (الرسمية) الحديثة:

السيد:........................

(أ) الموضوع: مناهج المواد التعليمية لتخصص الخزف والزجاج

تحية طيبة، وبعد،

فقد قررت تكليفكم وضع مناهج المواد التعليمية التالية ضمن تخصص الخزف والزجاج.

1.   الخط العربي (1)

2.   الخط العربي (2)

3.

4.

5.

على أن تضعوا - مع منهاج كل مادة- ما يلي:

1-   الأهداف العامة لكل مادة تعليمية.

2-   تحديد المضمون المعرفي للمادة في وحدات وتحديد مفردات كل وحدة.

3-   تحديد النشاط العلمي المرافق لكل وحدة في المواد التي يلزمها ذلك.

4-   تحديد المراجع لكل مادة تعليمية وفق الترتيب التالي:

المؤلف- عنوان الكتاب- مكان النشر- السنة- على أن لا يقل عدد المراجع عن أربعة، ولا يزيد على خمسة عشر.

5-   إعداد جدول بالساعات التدريسية النظرية والعملية للمادة خلال الفصل موزعة على الوحدات الدراسية.

وقد عين لمواد كل تخصص مجتمعة منسق لمتابعة سير عملكم ومناقشته في خطواته

المختلفة، ثم تسليمه جاهزاً في صورته النهائية مرقومة على الآلة الكاتبة بحجم الوسط (كوارتو) قبل 1988/8/15م.

فنرجو مراجعة المنسق السيد الدكتور..............

المعين لهذا التخصص والتعاون معه.

وسيكون عملكم لقاء مكافأة مالية

وتفضلوا بقبول فائق الاحترام

وزير التعليم العالي

السيد: ....

(ب) الموضوع: دورات الدفاع المدني

تحية طيبة وبعد،

فقد قررت إشراككم في دورة الدفاع المدني الأولى التي ستعقد في قاعة الطابق الثالث في مبنى الوزارة لمدة ثلاثة أيام، اعتباراً من يوم 1988/7/5، ومن الساعة الثانية عشرة وحتى الواحدة من كل يوم، وسيتم حسم يوم من الإجازة السنوية للموظف مقابل كل جلسة من جلسات الدورة يتغيب عنها الموظف.

وتفضلوا بقبول فائق الاحترام

وزير التعليم العالي

ثانياً (2) الرسائل الإخوانية

وهي الرسائل غير الديوانية التي يتبادلها الأفراد فيما بينهم، وتدور حول قضايا شخصية، أو وجدانية، أو اجتماعية، وما إلى ذلك.

كانت الرسائل الإخوانية القديمة تتفاوت من حيث طولها، فقد كانت هناك رسائل مفرطة في الطول، كما كانت هناك رسائل قصيرة وأخرى موجزة.

وكسابقتها - الرسائل الديوانية- فإن الرسائل الإخوانية القديمة كانت تتميز باحتوائها النسبي على الآيات القرآنية، والأحاديث النبوية، والأبيات الشعرية، إضافة إلى استخدام المحسنات اللفظية والبديع.

أما في العصر الحديث، فإن الرسائل الإخوانية أخذت تميل إلى الإيجاز، وسهولة التراكيب، والابتعاد عن استخدام المحسنات اللفظية، والبديع.

(1) نماذج من الرسائل الإخوانية القديمة:

(أ) من رسالة لابن المقفع في وصف أحد إخوانه[1]

(إني مخبرك عن صاحب لي كان أعظم الناس في عيني، وكان رأسَ ما عظَّمه في عيني صِغَرُ الدنيا في عينه، كان خارجاً من سلطان بَطنه، فلا يتشهَّى ما لا يجد، ولا يُكثِر إذا وَجَدَ، وكان خارجاً من سلطان فَرجه، فلا يدعو إليه[2] ريبة، ولا يستخفّ له رأياً ولا بَدَناً، وكان لا يأشَرَ[3] عند نعمة، ولا يستكين عند مصيبة، وكان خارجاً من

---

(1) وردت هذه القطعة في آخر الأدب الكبير لابن المقفع، وإنما ذكرتها هنا لوقوع الاختلاف في نسبتها إليه، فهي في الأدب الكبير وزهر الآداب تعزى إليه، ونسبها الشريف الرضى في (نهج البلاغة ج2: ص 147) إلى الإمام علي كرم الله وجهه، ونسبها ابن قتية في (عيون الأخبار م2: ص 355) إلى الحسن بن علي رضي الله عنه، مع اختلاف في الرواية.

(2) وفي زهر الآداب (فلا تدعوه إليه مؤنة) وأرى أن صوابه (فلا تدعوه إليه مؤنة) كما في رسائل البلغاء.

(3) هذه الجملة وما بعدها واردتان في زهر الآداب دون الأدب الكبير، وأشر كبطر وزناً ومعنىً، وفي زهر الآداب (لا يتأثر) وهو تحريف.

سلطان لسانه، فلا يتكلم بما لا يعلم، ولا يُماري[1] فيما علم، وكان خارجاً من سلطان الجهالة، فلا يتقدم أبداً إلا على ثقة بمنفعة، وكان أكثر دهره صامتاً، فإذا نطقَ بذَّ القائلين، وكان يُرَى ضَعيفاً مستضعفاً فإذا جَدَّ الجِدُّ فهو الليث عادياً، وكان لا يدخل في دَعوَى، ولا يشارك في مِراء، ولا يُدلي بحُجَّةٍ حتى يرى قاضياً فَهماً وشهوداً عُدولاً، وكان لا يلوم أحداً على ما قد يكون العُذرُ في مثله حتى يعلم ما اعتذارهُ، وكان لا يشكو وَجَعهُ إلا إلى من يرجو عنده البُرءَ، ولا يستشير صاحباً إلا من يرجو عنده النصيحة، وكان لا يتبرَّم[2]، ولا يتسخط، ولا يتشكَّى وَلا يتشهَّى، وكان لا ينَقِمُ على الوليّ، ولا يغفل عن العدَّو[3]، ولا يخصّ نفسه دون إخوانه بشيء من اهتمامه وحيلته وقوته.

فعليك بهذه الأخلاق إن أطقَتَها - ولن تطيقَ- ولكن أخذ القليل خير من ترك الجمع).

(الأدب الكبير ص 129، وزهر الأدب 1: 224)

❁ ❁ ❁ ❁

(1) لا يجاري: لا يجادل، وفي الأدب الكبير (ولا ينازع).

(2) يتبرم: يضجر.

(3) وفي زهر الآداب (ولا ينتقم من العدو، ولا يغفل عن الولي).

(ب) رسالة ابن المقفع إلى صديق له يهنئه بمولودة

وكتب ابن المقفع إلى صديق له، ولدت له جارية:

(بارك اللـه لكم في الابنَةِ المستفادة، وجعلها لكم زَيناً، وأجرى لكن بها خيراً، فلا تَكْرَهها، فإنهن الأمهات والأخَوات، والعَمّات والخالات، ومنهن الباقياتُ الصالحات، وَرُبَّ غُلامٍ ساء أهله بعدَ مَسرَّتهم، وَرُبَّ جاريةٍ فرَّحت أهلها بعد مساءتهم).

(اختيار المنظوم والمنثور 13: 304)

(ج) رسالة يعزّي عن ولد

وكتب تعزية عن ولد:

(أعظم اللـهُ على المصيبة أجْرك، وأحسَنَ على جليل الرُّزءِ ثوابك، وعَجَّل لك الخَلَفَ فيه، وذَخَرَ لك الثوابَ عليه).

(اختيار المنظوم والمنثور 13: 318)

ثانياً: نموذج من الرسائل الإخوانية القديمة:

(د) من رسائل غيلان الدمشقي

(إن التراجع في المواعظ يوشك أن يُذهب يومها ويأتي يوم الصاخَّة[1]، كل الخلق يومئذ مُصيخ[2]، يستمع ما يقال له ويُقضى عليه (وخشعت الأصوات للرحمن فلا تسمع إلا همساً). فاصمُتِ اليوم عما يُصمتك يومئذ، وتعلَّم ذلك حتى تعلمه، وابتغه حتى تجده، وبادر قبل أن تفجأك دعوةُ الموت، فإنها عنيفة إلا بمن رحم اللـه، ويا رُبَّ متعبد لله بلسانه معادٍ له بفعله، ذلول في الانسياق إلى عذاب السَّعير في أمنية أضغاثِ[3] أحلام يَعبرها بالأماني والظنون، فاعرف نفسك).

(عيون الأخبار 245/2)

(1) يوم الصاخة: يوم القيامة.

(2) مصيخ: مرهف أذنه وسمعه.

(3) أضغاث: أخلاط.

(2) نماذج من الرسائل الإخوانية الحديثة

رسالة من ميخائيل نعيمة إلى الأديب المغربي محمد الصباغ

18 نوار 1954

عزيزي الأستاذ الصباغ

أسلم عليك أطيب السلام وأرجو أن تكون في خير حال.

وبعد، فقد تناولت رسالتك الأخيرة وطالعتها بمنتهى السرور. وإني لأبارك الحركة التي تتزعمها في المغرب الأقصى والتي تعمل بحرارة وإيمان وإخلاص على بعث الآداب العربية في تلك الأقطار. وحسب هذه الحركة- وهي ما تزال في بدايتها- أن تلفت إليها أنظار الغرباء فتأتيك صحفية إسبانية وتأخذ عنك حديثاً في الشعر العربي المعاصر وتياراته. ثم تأتيك دعوة للاشتراك في المؤتمر الشعري المزمع عقده في هذا الصيف في العاصمة الإسبانية.

أنت على حق في ما تراه من ضرورة نقل بعض آثارنا الأدبية إلى اللغات الأجنبية، وهذه مهمة يجب أن يقوم بها أنفار من الأدباء العرب الذين يتقنون لغات غير العربية. أما تشكيل اللجان لتلك الغاية فأمر من الصعوبة بمكان. وشعوري بهذه الضرورة هو الذي حملني على أن أترجم بنفسي إلى الإنجليزية كتابي في حياة جبران وكتاب (مذكرات الأرقش) وعليّ أن أضع كتاب (مرداد) في الإنجليزية أولاً ثم أنقله إلى العربية، وقريباً إن شاء الـلـه تصدر طبعة منه إنجليزية خاصة ببلاد الهند. وذلك نزولاً عند رغبة ملحة أبدتها لي دار كبيرة للنشر في مدينة بومباي- الهند. وعلى ذكر هذا الكتاب آسف كل الأسف لعدم وصول النسخة العربية منه التي بعثت بها إليك من زمان. وليس لدي الآن نسخة أخرى أرسلها إليك.

شكراً لك على رسمك بريشة الفنانة (مَريَا خيسُس رُوذْريكسْ). وكنت أقابلك بالمثل لو أن عندي رسماً حديثاً من رسومي، ولعل ما فاتَني اليوم لن يفوتني في الآتي القريب. وأما بشأن مذكراتك العاطفية التي أنت عاكف الآن على تأليفها والتي ترغب إلي وضع مقدمتها فما أدري ماذا أقول. ذلك أنني قطعتُ عهداً على نفسي من زمان

أن لا أكتب مقدمة لأحد بالنظر لكثرة الطلبات التي تأتيني من هذا النوع. إلا أنني قد أجد لنفسي باباً يفكها من عهدها – وذلك إرضاء لخاطرك الغالي عليّ-. فابعث إلي بمخطوطتك حالما تنتهي منها وتقبل أحسن التمنيات من المخلص.

(ميخائيل نعيمة)

المراجع

1-   اللغة العربية، محمد عبد الغني المصري.

2-   جمهرة رسائل العرب، أحمد زكي صفوت، مكتبة الحلبي، القاهرة 1971م.

3-   فن التحرير العربي – د. أحمد صالح الشنطي، دار الأندلس السعودية 1994.

4-   مفاهيم أساسية في اللغة والأدب، هيثم علي حجازي، الدار الأهلية، عمان.

الفصل الثامن
الكتابة الوظيفية

د. عبد الله مقداد

الكتابة الوظيفية

- ◆ فن السيرة
- ◆ السيرة الذاتية- السيرة الأكاديمية
- ◆ الإعلان
- ◆ البرقية
- ◆ العقود
- ◆ المحضر

د. عبد الله مقداد

بسم الله الرحمن الرحيم

السيره الذاتيه

فن السيرة The Art of Biography

تعريفها[1]:

السيرة، هي تصوير حياة شخص متميز مستمداً من الأحداث الدائرة حوله، أو من طبيعة سلوكه الخلقي والنفسي... بلغة أدبية ممتعة.

وهذا التصوير يرتكز على اختيار أخبار وحقائق ومعلومات من حياة الشخص وعرضها بأمانة وصدق تاريخي مع الحفاظ على وحدة الموضوع بحيث لا يسمح الكاتب لحياة الآخرين بأن تسيطر على بطل السيرة.

وهذا يعني أن بطل السيرة المحور الأساسي الذي تدور حوله الأحداث، يجمع بين التاريخ والنقد والقصة، ولغته سهلة تصويرية تنبعث منها حرارة التعبير.

السيرة العربية القديمة والتراجم:

في ضوء الفهم السابق للسيرة نعرض لما حمل هذا الاسم في الثقافة العربية القديمة.

فقد ذاعت شهرة سيرة ابن هشام، وقبله سيرة ابن شهاب وابن اسحق وكذلك راجت كتب الطبقات والتراجم. فهل هذا ضمن ما نقصده بالسيرة؟ إن مفهوم السيرة القديم يختلف عنه حديثاً، فالسيرة آنذاك كانت جزءاً من التاريخ، ونشأت وترعرعت في أحضانه، وكانت تهدف إلى ما يهدف إليه التاريخ من الاعتبار، ولذلك فإن سيرة رسول الله ﷺ التي كتبها **موسى ابن عقبة والزهري** جاءت معنعنة مسندة كرواية

(1) انظر د. إحسان عباس، فن السيرة دار الثقافة بيروت سنة 1956.

التاريخ والأحاديث في تلك العصور، لذلك كان أسلوبا متقطعاً وغير مسترسل بسبب الروايات والإسناد، وحينما تخفف ابن اسحق من الإسناد وأدخل فيها الشعر المنحول وغير المنحول لقي انتقاداً شديداً.

على أن الدافع إلى تأليفها لم يكن الاعتبار فقط وإنما لأن سيرة الرسول ﷺ جزء من السنة، فهي والحديث مصدران هامان من مصادر التشريع الإسلامي (بالإضافة إلى القرآن الكريم)، ولذلك لا بد أن تكون سيرته عليه الصلاة والسلام واضحة كل الوضوح موثقة؛ ليسهل استنباط الأحكام.

وهناك سبب آخر في كتابة سيرته عليه الصلاة والسلام هو: أن المسلمين ورثوا نظرة الجاهلية إلى التاريخ، وهي نظرة قائمة على الأيام والحروب، فجاءت السير الأولى مهتمة بالمغازي ومسجلة للمعارك تسجيلاً دقيقاً، ولكن الجديد والمهم هو بيان سنة النبي ﷺ في معاملاته الحربية من قتال، وأسر، وفداء، وفيء، ونساء، وأطفال وأشجار... إلخ.

فهذه السيرة وأشباهها لا تعد من السيرة الفنية الأدبية المرادة بالبحث، لأنها- وإن كانت تدور حول موضوع واحد- جاءت روايات متفرقة غير مسترسلة... وهدفها ليس للإمتاع.

أما كتب التراجم والطبقات على نحو ما نشاهد في تاريخ بغداد للخطيب البغدادي، وتاريخ دمشق لابن عساكر، وتاريخ أصفهان لابن نعيم الأصفهاني... فهي أيضاً ليست من السير الفنية.

ومن هذا الباب أيضاً ما ظهر في الأندلس من حلقات متراكمة من الكتب حول كتاب واحد مثل (جذوة المقتبس للحميدي)، وتلاه (بغية الملتمس للضبي)، ثم (الصلة لابن بشكوال)، ثم (التكملة لابن الابار..) - فهي في التاريخ والرجال. ومثلها - وهي من طرائف الأندلس- (المُغرب) في ترجمة رجال الأندلس، وقد توارثت عائلة بني سعيد صنعه وتأليفه في أجيال متعاقبة.

ويمكن القول إن السيرة التاريخية كانت تمثّل أقوى نوع من السير عند المسلمين. أما السيرة ذات الطابع الأدبي فقد بقيت مهملة حتى العصر الحديث.

وحتى تكتمل صورة السيرة القديمة لا بدّ من الإشارة إلى ظهور النزعة الأدبية في كتابة السير في العصر العباسي، فقد اقترب كل من الجاحظ في حكاياته، في رسالة التربيع والتدوير، وأبي حيان في مثالب الوزيرين من موضوع السيرة الأدبية، بما أوتيا من خيال تصويري وبصر نافذ في طبائع الناس وأحوال المجتمع... ومما يتصل بهذه النزعة الأدبية أيضاً، ظهور نوع من السير يلبي الحاجة إلى السمر على شكل قصصي، مثل السير المعروفة باسم (عقلاء المجانين) التي تدور حول المحبّين.

ذلك وضع السيرة العربية قبل عصر النهضة. أما في الغرب فلم يكن حال السيرة عندهم أفضل، بل بقي حتى القرن الثامن عشر أضعف مستوى وأقل إنتاجاً. وخاصة عندما تسلمها رجال الدين[1]. إلا أنها تقدمت تقدماً مطرداً فيما كانت الآداب العربية تتقوقع وتنحصر في الأغراض القديمة...

وحينما دبت النهضة في الحياة العربية، بدأت فنون الأدب تتنوع وتزدهر.

السيرة في ظل النهضة الحديثة:

تأثرت السيرة في ظل النهضة الحديثة بالدراسات النقدية للنصوص والنظريات النفسية والبيولوجية، وأصبح أكثرها أقرب إلى المظهر العلمي منه إلى المظهر الأدبي. على أنه يمكن تمييز ثلاثة اتجاهات في كتابة السيرة:

1. الاتجاه الأكاديمي: وتبنى فيه السيرة على التشريح والتحليل والمقارنة لأخذ أحسن الروايات التي تغرق شخصية الدارس، وتقطع الهدوء والاسترسال في الأسلوب.

2. الاتجاه التقليدي: وأصحاب هذه الاتجاه لا يؤمنون بالدراسة النقدية قدر

---

(1) د. إحسان عباس. فن السيرة ص 309.

إيمانهم بما قاله القدماء. ولهذا، فالسير على هذا الاتجاه، تقليدية لا جديد فيها، وتعتمد الأسلوب الإنشائي المفكك والحماسة المفتعلة.

3. الاتجاه الأدبي الفني: ويعتني هذا الاتجاه بالفرد وإنسانيته على أساس من الصدق التاريخي في تطور حياته وشخصيته وتكاملها. وهذا هو الاتجاه المهم، ومن أفضل المحاولات ذات الطابع الأدبي في السيرة الحديثة (الغيرية)، (حياة الرافعي) لمحمد سعيد العريان[1] والعبقريات: عبقرية محمّد، عبقرية الصديق، عبقرية عمر، عبقرية خالد، ... معاوية في الميزان، سعد زغلول[2] للعقّاد، (جبران) لميخائيل نعيمة[3].

ويؤخذ على الأولى (حياة الرافعي) أنها لم ترسم للرافعي صورة متدرجة مكتملة، ولكنها أعطتنا صورة حياة، عن الرافعي الإنسان، على عكس العقّاد الذي اعتبر رجاله في سيرة صنف آخر من البشر، فافترض فيها القداسة والعبقرية، فبرّر أي خطأ يراه الناس، مع أنه لا يملك الشواهد الدقيقة القطعية.. أما ميخائيل نعيمة، فقد استوفى عناصر السيرة الفنية ببراعة من حيث الغاية والتطبيق، فعرض لجبران في ضعفه وقوته وحلّل شخصيته أجمل تحليل.

أنواعها:

تنقسم السيرة من حيث الكاتب إلى نوعين: السيرة الذاتية والسيرة الغيرية (العامة) ومن حيث الأسلوب تنقسم إلى ثلاثة أقسام: السيرة التاريخية، والقصصية، والساخرة.

أما السيرة الذاتية فهي التي يكتبها الأديب عن نفسه، ومن أقدمها في العصر الحديث كتاب أحمد فارس الشدياق: (الساق على الساق فيما هو الفارياق) وقد نهج أسلوب المقامات الساخرة.. أما أفضل هذه السير الذاتية وأرقاها فهو كتاب (الأيام)

(1) صدرت سنة 1947.

(2) صدرت سنة ما بين 1942 - 1956.

(3) صدرت سنة 1951.

لطه حسين، وقد تأثّر به أحمد أمين في سيرته (حياتي)، ويمكن تسطير المفارقات التالية بينهما:

1- إن أسلوب طه حسين أسلوب تعبيري تصويري موسيقي كثير التكرار، وذلك تقريري إخباري بسيط.

2- تأثر أحمد أمين بطه حسين من حيث السرد وفي بعض الموضوعات.

3- الفترة المصورة عند طه حسين أقصر منها عند أحمد أمين.

4- صور طه حسين في (أيامه) نموّه النفسي الداخلي، بينما صور أحمد أمين علاقاته الخارجية بالناس والأماكن.

5- نما طه حسين بالسيرة الفنية الأدبية بينما عاد بها أحمد أمين إلى التاريخ.

وتنقسم السيرة الذاتية حسب كيانها وغاياتها إلى الأصناف التالية:

1. **الصنف الإخباري المحض:** وهو السيرة التي تتضمن أخباراً ومشاهدات ومذكرات كتبها صاحبها. مثال هذا الصنف: (مياومات) القاضي الفاضل، ورحلة ابن جبير وسيرة ابن سينا وغيره.

2. **ما يكتب للتفسير والتعليل والتبرير:** الهدف منها أن يدافع الكاتب عن نفسه أمام التاريخ، ويبرر سلوكه في تصرفاته، ويوضح الظروف التي كانت تكتنفه ومثاله: سير المؤيد في الدين هبة الـله الشيرازي وسيرة ابن خلدون، ومذكرات الأمير عبد الـله آخر ملوك الطوائف في غرناطة.

3. **ما يصور الصراع الروحي:** وتمثله سيرة ابن الهيثم والمنقذ من الضلال للغزالي.

4. **ما يحكي قصة المغامرات في الحياة:** وما فيها من تجارب كما جاء في كتاب الاعتبار لأسامة بن منقذ.

أما السيرة الغيرية، فهي تلك السيرة التي يكتبها الأديب عن غيره، ومن أفضلها ما كتبه ميخائيل نعيمة عن (جبران).

وقد يخطر في البال سؤال عن الفرق بين السيرة الذاتية والسيرة العامة (الغيرية). والحقيقة أن هناك عدداً من الفروق تقوم على الهدف، والموضوعية، وصيغة المتكلم وطريقة المعالجة.

فمن حيث الهدف، فإن السيرة الذاتية تهدف إلى تخفيف العبء عن الكاتب بالتنفس، عنه وتشترك مع الغيريّة في أنهما تنقلان التجربة إلى الآخرين. وأما من حيث الموضوعية، فالسيرة الذاتية تعتمد على العنصر الذاتي، فالكاتب فيها هو الذي يكتب لنفسه، ويحدثنا عن دخائلها، وعن تجاربه في الحياة، ويكشف لنا عن صراعه مع الحياة وأحداثها... ولذا كان لا بدّ من أن يتجرّد من التحيز مع نفسه، فلا ينساق في أحكامه مع غرور النفس.

وبمعنى آخر فإن السيرة الذاتية تعتمد على العنصر الذاتي مع شيء من الموضوعية، وأما السيرة العامة فتعمد على الموضوعية مع شيء من الذاتية المتمثّلة في إعجاب الكاتب ببطل السيرة[1].

وهناك من يرى أن لا فرق بينهما في الهدف والشكل والمضمون سوى أن الأولى تكتب بصيغة المتكلم وأحياناً بصيغة الغائب. فمثلاً كان طه حسين يتحدث عن الفتى ويقصد نفسه، أما الغيرية فهي ملازمة للغائب.

وأما في طريقة المعالجة، فالسيرة الذاتية نقل مباشر للمعلومات والتفسيرات من نفس الكاتب. أما السيرة العامّة فهي نقل للحوادث والأخبار عن طريق الشواهد والوثائق...

---

(1) ذكر إحسان عباس أن السيرة الذاتية تسير من الداخل إلى الخارج ويقصد أن الكاتب يغرف من نفسه ليعطي الآخرين. وفي السيرة الغيرية يأخذ الكاتب الأدلة والشواهد من الخارج ويدخل بها إلى نفس بطل السيرة. والكاتب في السيرة الذاتية هو شاهد وقاض فيحكم لنفسه. أما الكاتب في السيرة الغيرية فشاهد فقط.

عناصرها وخصائصها الفنية:

السيرة فن لا علم، بدليل أنّا لو طلبنا من عشرين كاتباً كتابة سيرة عن شخص ما، فإننا سنحصل على عشرين سيرة مختلفة الأسلوب والهيكل والبناء.. وفنيّة السيرة تتضح بدراسة عناصرها.

والسيرة كأي عمل أدبي، تقوم على فكرة. وفكرتها هي الإعجاب بشخص متميز، أو إعجاب الشخص بتجربته الذاتية المتميزة، فيرى نقلها بصدق موضوعي نسبي للآخرين.

ولا بد للكاتب من تصوير صراع بطل السيرة مع الحياة وأفعالها، وهذا يحتاج إلى خيال كالخيال الموجود في الأدب التفسيري (ليس خيالاً هائماً).

وتصوير الصراع وإقامته في السيرة يولّد عنصر التشويق والحيوية الذي يجذب القارئ ويمتعه، فتنبعث الحركة والحياة في السيرة مصبوغة بطيف العواطف التي يحسّ بها الكاتب.

وحتى تتم عملية الإعجاب والإمتاع لا بدّ أن يندمج الكاتب فيما يكتب فتتسلل العواطف الهادئة الرقيقة إلى نفس القارئ فتعلو في مواطن القوة والشدّة، وتهدأ في مواطن الضعف.

ولا بدّ للكاتب أيضاً أن يراعي وحدة الموضوع فيدير الأحداث بشكل لا يسمح فيه لحياة الآخرين التحكم في منحى السيرة فتكون بذلك متماسكة متصلة وصورة البطل فيها نامية مكتملة.

وقد يتّبع الكاتب في أسلوبه الطريقة الحكائية السردية أو الدرامية الحوارية، وقد يمزج بينهما.

فإذا طرحنا السؤال التالي، كيف يمكن أن تكون السيرة فنّاً مع أنها تقوم على عمل ذهني والأدب وجداني؟ أو كيف تكون فناً وفيها التزام بالصدق التاريخي؟ كان الجواب ما سبق، وبإجابة مختصرة نقول: إن الفن الأدبي يقوم على فكرة وتأثير وأسلوب وخيال (بسيط في السيرة) وصدق فني وعاطفة (سببها الإعجاب أو غيره)،

وكل ذلك موجود في السيرة وهي - وإن كانت عملاً ذهنياً- فالخيال هو الذي ينظم، والأسلوب هو الذي يعرض فيجعلها فناً دقيقاً يحتاج إلى مهارة خاصة.

كاتبها:

سبق القول إن كتابة السيرة تحتاج إلى مهارة خاصة، بالإضافة إلى توفير المعلومات عن بطل السيرة وتميزه، وفوق ذلك كله لا بدّ أن يُحدث هذا التميز تجاوباً نفسياً أو عقلياً لدى الكاتب والقارئ... لكن ما هي صفات الكاتب بعد أن تتوفر كل هذه المطالب؟ لا بدّ أن تتوفر فيه الصفات التالية:

1. اطلاع واسع وإن كان لا يحتاج إلى خيال وساع.
2. يقظة ذهنية مستمرة مشفوعة بإرهاف خاص في التمييز والحدس والترجيح...
3. فن وذوق كالقصصي والشاعر.
4. قدرة نقدية وقدرة على استنباط المعلومات من مصادر غير مباشرة، فإذا كان بطل السيرة شاعراً فقد يستفيد الكاتب من شعره الشيء الكثير.. .
5. كاتب السيرة لا يكتب إلا حين تبلغ تجربته أو تجربة من يكتب عنه مرحلة النضج.

الفرق بين السيرة والقصة:

قد تتشابه القصة ولاسيما التاريخية فيها مع السيرة، فما هي الفروق بينهما:

1) القصصي حر في خلق الشخصيات وخلق مواقف ومحاورات، وقد يعتمد على عناصر مستمدة من التاريخ في قصته، ولكنه يضيف إليها ما يراه ملائماً لمواقف الشخصية، فتكون شخصيته عالماً جديداً ليس له وجود حقيقي وإن كان فيها عناصر حقيقية. وشخصيات السيرة حقيقية لا وهم ولا خيال فيها..

2) القصصي حر في الخيال، سواء في جوهر القصة أو في أحداثها وإن استفاد من التاريخ، أما كاتب السيرة فهو مقيد بالواقع التاريخي، فلا بدّ له من أدلة يستند

إليها (مذكرات رسائل، مقابلات، معلومات تاريخية....

3) شخصيات السيرة غير طويلة العمر: لأن كاتب السيرة ينتخب من حياة البطل ما هو جدير بالكتابة، ولا يستطيع أن يمنح شخصيته وجوداً جديداً، على عكس شخصيات القصّة التي يمدها القصّاص كما يشاء.

4) السيرة تنتهي بالموت (لأنها تتحدث عن حياة شخص حتى موته)، أما القصّة فقد لا تنتهي بالموت....

5) كاتب السيرة يحدثنا إما عن نفسه أو عن بطل السيرة، وفي القصّة الراوي أو الشخوص هم الذين يتحدثون.

6) وأخيراً يمكن الحديث عن طول القصّة المحدد وانفتاح السيرة بحيث تقع في بضع مجلدات، ومن جهة أخرى، فإن هدف السيرة أن ترسم حياة شخص وهدف القصّة الإمتاع.

السيرة الأكاديمية:

يطلق عليها خطأً السيرة الذاتية، والواقع أنها سجل مختصر للشخص تدوّن فيها معلومات عامة عن الشخص والشهادات العلمية التي حصل عليها والخبرات العملية والأنشطة التي مارسها ويمارسها، وهي تقدم عادة للجهات التي يرغب الشخص صاحب السيرة العمل فيها.

وإليك صورة مختصرة للسيرة الأكاديمية:

المعلومات العامة

الاسم: ....
تاريخ الولادة:........................
الجنسية:........................
الحالة الاجتماعية (أعزب، متزوج)
العنوان:........................
الهاتف:........................
الشهادات العلمية:

نوع العمل	التخصص	الجامعة	مكانها	تاريخ التخرج. التقدير

الخبرات العملية:

نوع العمل	مكانه	تاريخ التخرج. التقدير

مؤهلات أخرى (طباعة، كتب، أبحاث، محاضرات، دورات...........)
المنح والمكافآت (إن وجدت)
اللغات (ودرجة إتقانها)
المعرفون: أسماء ثلاثة أشخاص يزكونه للعمل كتابة أو مشافهة

الاسم	مكان العمل	العنوان ورقم الهاتف
1-		
2-		
3-		

هذا ويجدر الإشارة إلى أن السيرة الأكاديمية لا ترسل وحدها إلى الجهة المراد العمل فيها وإنما ترفق برسالة تغطية مع الأوراق الرسمية من شهادات وخبرات وتوصيات.

ومن أمثلة رسائل التغطية والتي يكون في طيّها الأوراق الرسمية يكتب صاحب الطلب رسالة يوضح فيها رغبته في تقديم الطلب، والوظيفة التي أعلن عنها، والكفاءة التي لديه، وتميزه عن غيره في أي حقل من حقول الوظيفة، ثم الخاتمة، وفيما يلي نموذج لذلك.

بسم الله الرحمن الرحيم

السيد الأستاذ مدير مدارس العمرية

محمد أحمد عبد الكريم

عمان ص. ب 795

تحية طيبة وبعد

فإنه يسرني أن أتقدم بطلبي هذا لملء الوظيفة الشاغرة في قسم اللغة العربية عندكم في مدارس البنين والمعلن عنه في جريدة الدستور يوم الأربعاء 2/5/   19م.

حالياً أعمل في مدرسة القدس في إربد ولكنني أطمح للعمل في مدارسكم لما لها من سمعة طيبة ومجال واسع في النشاط الثقافي الذي أمتلك قدرة ورغبة في ممارسته.

لقد حصلت على بكالوريوس لغة عربية من جامعة اليرموك، ودرست عدداً من الدورات في الحاسوب والطباعة وحضرت عدداً من الدورات التربوية المتعلقة بهذه الوظيفة.

ومن جهة أخرى فقد عملت مدرساً في عدد من المدارس الخاصة لمدة ثلاث سنوات زادت في خبرتي وتعاملي مع الطلبة.

مرفق في هذه الرسالة الأوراق الرسمية من شهادات وخبرات، وأنا على استعداد للإجابة عن الاستفسارات المطلوبة وذلك إذا رغبتم بالاتصال على هاتف 602489 أو الكتابة على العنوان التالي: عمان، ضاحية الأمير حسن بقالة عبد الرزاق- ص.ب 795.

المخلص

محمد أحمد عبد الكريم

رسالة الجواب

وهي الرسالة التي تكون رداً على رسالة سابقة، وفيها يشير الكاتب إلى موضوع الرسالة السابقة وتاريخها. وفي فقرة ثانية يعلمه المطلوب أو القرار الذي توصل إليه. ثم يختتمها بالأمنيات الطيبة إن كان القرار سلباً، وإلا فيحثّه على عمل شيء كالحضور للمقابلة، أو إرسال صور شخصية، أو كتابة تفصيل عن ظروفه..

وفيما يلي نموذج من ذلك.

بسم الله الرحمن الرحيم

المدارس العمرية

التاريخ: 1992/9/3
الرقم: ط/1992/2

السيد محمد أحمد عبد الكريم
عمان ص. ب 795

تحية طيبة وبعد

فقد وصلتنا رسالتكم المؤرخة في 1992/8/25 بخصوص وظيفة مدرّس لمادة اللغة العربية بمدارس العمرية.

وإننا إذ نشكر لكم اهتمامكم بالعمل معنا نعلمكم أنه تقرر موعد مقابلتكم يوم الأحد 1992/9/9م لاتخاذ القرار المناسب فيما بعد. لذا نرجو حضوركم في الموعد المحدد في مقر مدارس العمرية الكائن في تلاع العلي مكتب المدير العام.

نرجو لك فرصة طيبة، والسلام عليكم

مدير قسم التوظيف
حاتم بكر

وإذا كان الرد سلباً، فيكون الجواب في الفقرة الثانية على النحو التالي:

لقد اطلعنا على أوراقكم مع ما وصلنا من طلبات أخرى، وكان القرار عدم توفر الوظيفة في الوقت الحاضر فنتمنى لك فرصة أفضل.. والسلام عليكم.

أو

يؤسفنا إبلاغكم عن ملء الوظيفة، ونتمنى لك حظاً أوفر.

والسلام عليكم

الإعلان

يعلن الفرد منّا أحياناً للآخرين في الإذاعة أو التلفاز أو في الصحف المحلية عن حاجة معينة طلباً لسد هذه الحاجة والعمل على تلبيتها. والإعلان مشتق من الفعل (أعلن)[1] إعلاناً، فهو مصدر معناه: إظهار الشيء بالنشر عنه في أي وسيلة من وسائل الإعلان المذكورة سابقاً.

والإعلان متعدد الأغراض، فقد يكون لملء وظيفة شاغرة، ضمن شروط معينة، وقد يكون الهدف منها تأجير عقار أو بيعه أو شرائه، أو مبادلته بشيء آخر، وقد يكون إعلاناً عن وفاة شخص ما، أو ترويجاً لبضاعة معينة، وما إلى ذلك مما يحتاجه الأفراد في حياتهم.

ويجب أن يتوفر في الإعلان النقاط التالية:

- الفكرة الأساسية التي يريد الإعلان عنها.

- مناسبة حجم الإعلان (عدد كلماته) مناسبة للسعر.

- مخاطبته وجدان القارئ وثقافته.

- يتفق مع روح العصر وثقافته.

- أن تكون لغته سهلة، واضحة، موجزة.

---

(1) لسان العرب (أعلن).

وإليك نماذج من هذه الإعلانات:

إعلان بيع بأسعار مغرية

2- مكيفات هواء	1- أجهزة ومواد إنشائية
4- مولد كهرباء	3- بلاد صيني سادة

المراجعة مع تليفون (...................)

وظائف شاغرة

تعلن وزارة العمل عن توفر عدد معين من الشواغر للعمل في مؤسسة الشركة الحديثة للميكانيك الكائن في المدينة الصناعية بمدينة سحاب، فعلى من لديه الرغبة في ملء أحد هذه الشواغر أن يراجع مكتب عمل مدينة عمان الصناعية مصطحباً معه شهادات الخبرة المطلوبة.

بيت مفروش للإيجار أو البيع

بيت طابق أول يتكون من ثلاث غرف نوم، وصالون وسفرة، مع حديقة يقع على الشارع الرئيسي المقابل للجامعة الأردنية.

للمراجعة يرجى الاتصال مع المالك مباشرة تليفون (.............)

الشركة الأهلية الأردنية

تعلن عن حاجتها إلى شاب طموح للعمل لديها كمساعد صيدلي، مع خبرة لا تقل عن سنتين في مجال العمل. الراتب حسب الكفاءة.

لمزيد من المعلومات يرجى الاتصال بمكاتب الشركة في عمان ص. ب (........)

البرقية

يشترط فيها أن تكون موجزة تعبّر بوضوح عن الهدف الذي أرسلت من أجله ومن ذلك:

أ- برقية تعزية

إلى.... آل عوض الـلـه الكرام/ الزرقاء/ حي معصوم

مصابكم مصابنا، للفقيد الرحمة، ولكم الصبر والسلوان.

أحمد سليمان

كلية الآداب - جامعة العلوم التطبيقية

عمان

****

ب- برقية تهنئة

إلى الأخ عمر محمود/ جبل النصر/ عمّان

أهنئكم بحلول عيد الفطر المبارك أعاده الـلـه عليكم وعلى الأمة العربية والإسلامية جمعاء بالعزّة والمتعة والسؤدد.

عبد الـلـه بشير

إربد- حي النزهة

وممّا يجدر العلم به أن البرقية أصبحت وسيلة قديمة في عالم الاتصالات، إذ حلّ محلّها الناسوخ (الفاكس Fax) وهو جهاز هاتفي مزود بآلة تصوير تنقل صورة الورقة لاسلكياً إلى جهاز مماثل في مكان آخر من العالم، وبعضها يرسل الورقة إلى أي جزء

من العالم في أقل من نصف دقيقة. وتتم عملية الإرسال من البريد أو من المكاتب الخاصة أو حتى من المنازل...

أما البرقية فهي مختلفة عن الناسوخ بالطريقة أو الحجم، إذ يتم حساب كل كلمة بسعر معين، لذا تكون البرقية مختصرة جداً، ويشترط فيها مع ذلك الوضوح... وإليك نموذجاً للبرقية.

برقية TELEGRAM	المصدر.......... الرقم اليومي..... الرقم الشهري.... عدد الكلمات.... وقـــت الإيـــداع....	أبرقت إلى مكتب...... إلى مأمور.............. أبرقها المأمور.......... في تاريخ.............. وقت............... الإبراق..............	خاتم التاريخ
إلى.................................To			
			JOAM
من...From			

العقود

العقْد: نقيض الحلّ، عَقَدَهُ يَعْقِدُه عقْداً وتَعْقاداً، وعقَّدهُ.

والعقد: العهد، والجمع عقود، وهي أوكد العهود، ويقال: عَهِدْتُ إلى فلان في كذا وكذا، أي: ألزمته ذلك باستيثاق، والمعاقدة: المعاهدة، وعاقده: عاهده وتعاقد القوم: تعاهدوا، وقوله تعالى: (يَا أَيُّهَا الَّذِينَ آمَنُوا أَوْفُوا بِالْعُقُودِ) [1].

قيل هي العهود، وقيل هي الفرائض التي ألزموها، هذا بعض ما يتعلق بالعقود لغة[2]، أما اصطلاحاً فيعني: **العقد:** اتفاق بين طرفين على فعل شيء معين، **والعقد** شريعة المتعاقدين، فيضع كل طرف الشروط التي يريدها ويوافق عليها الطرف الآخر. ويشترك في العقد العناصر التالية:

1- وجود طرفين أو فريقين مؤهلين للتعاقد[3].

2- وجود شاهدين.

3- وجود شيء أو فعل يتفق عليه الطرفان.

4- التوقيع بالموافقة من الطرفين.

5- شروط الاتفاق.

6- الزمان الذي يسري فيه الاتفاق.

7- تاريخ العقد.

---

(1) سورة المائدة: آية (1).

(2) لسان العرب: مادة عقد.

(3) المؤهل للتعاقد: أن يكون بالغاً عاقلاً ليس سفيهاً....

أركان العقد

للعقد ثلاثة أركان أساسية هي:

العاقدان، والمعقود عليه أو محل العقد، والصيغة.

أولاً: العاقدان: وهما الشخصان أو من يقوم مقامهما في الاتفاق على صيغة العقد وشروطه، ومفرد العاقدان: العاقد، **ويشترط في العاقد:** العقل والتمييز، فلا يصح عقد المجنون، ولا السكران، ولا الصبي غير المميز، فإذا كان المجنون يفيق أحياناً ويجن أحياناً كان ما عقده عند الإفاقة صحيحاً، وما عقده حال الجنون غير صحيح.

والصبي المميز عقده صحيح، ويتوقف على إذن الوليّ، فإن أجازه كان معتداً به شرعاً.

ثانياً: المعقود عليه: وهو الشيء الذي يتفق عليه بين العاقدين سواءً أكان عملاً أم بيعاً أم شراءً... الخ.

فإذا كان العقد بيعاً، فتشترط في المعقود عليه ستة شروط وهي:

1) طهارة العين.

2) الانتفاع به.

3) ملكية العاقد له.

4) القدرة على تسليمه.

5) العلم به.

6) كون المبيع مفتوحاً.

ثالثاً: الصيغة: وهي الألفاظ التي يتم بها العقد وهي الإيجاب والقبول، ولا يلزم في الإيجاب والقبول ألفاظ معينة، لأن العبرة في العقود بالمقاصد والمعاني لا بالألفاظ والمباني. والعبرة في ذلك بالرضا.

شروط الصيغة:

يشترط في الإيجاب والقبول، وهما صيغة العقد:

أولاً: أن يتصل كل منهما بالآخر في مجلس دون أن يحصل بينهما فاصل مضر.

ثانياً: وأن يتوافق الإيجاب والقبول فيما يجب التراضي عليه في العقد فلو اختلفا لم ينعقد، فإذا كان العقد عقد بيع وشراء، وقال البائع: بعتك هذا الثوب بخمسة دنانير، فقال المشتري: قبلته بأربعة، فإن البيع لا ينعقد بينهما لاختلاف الإيجاب عن القبول.

ثالثاً: وأن يكون بلفظ الماضي، مثل أن يقال: اتفق الطرفان وفي عقد البيع مثلاً، يقول البائع: بعت، ويقول المشتري: قبلت أو بلفظ المضارع إن أريد به الحال، مثل: أبيع وأشتري مع إرادة الحال.

فإذا أراد به المستقبل، أو دخل عليه ما يمحضه للمستقبل كالسين وسوف ونحوهما كان ذلك وعداً بالعقد، والوعد بالعقد لا يعدّ عقداً شرعياً ولهذا لا يصح العقد.

العقد بالكتابة:

يجب توثيق العقد بالكتابة، وذلك لحفظ حقوق الطرفين، قال تعالى في عقد الدين: ﴿وَلَا تَسْأَمُوا أَنْ تَكْتُبُوهُ صَغِيرًا أَوْ كَبِيرًا﴾ [1]... كما يجب أن يكون هناك شهود على كتابة العقد وخاصة في عقود البيع والزواج وما أشبه ذلك.

كما ينعقد البيع بالإيجاب والقبول ينعقد بالكتابة، وكما ينعقد العقد بالألفاظ والكتابة ينعقد بواسطة رسول من أحد المتعاقدين إلى الآخر بشرط أن يقبل المرسل إليه عقب الإخبار.

ومتى حصل القبول في هاتين الصورتين تمّ العقد، ولا يتوقف على علم الموجب

(1) سورة البقرة: الآية 282.

بالقبول.

عقد الأخرس: وكذلك ينعقد بالإشارة المعروفة من الأخرس لأن إشارته المعبرة عمّا في نفسه كالنطق باللسان سواء بسواء، ويجوز للأخرس أن يعقد بالكتابة بدلاً عن الإشارة إذا كان يعرف الكتابة، والعقد شريعة المتعاقدين فيجب على أطراف العقد بالوفاء بكل ما جاء به العقد من بنود، وهذا أمر شرعي قرره الشارع الحكيم قال تعالى: (يَا أَيُّهَا الَّذِينَ آَمَنُوا أَوْفُوا بِالْعُقُودِ) [1].

---

(1) سورة المائدة: آية (1).

نماذج من العقود

عقد تعيين في جامعة العلوم التطبيقية الأهلية

بتاريخ اليوم.......... الموافق ...../..../......... تم الاتفاق ما بين:

الطرف الأول: جامعة العلوم التطبيقية، ويشار إليها فيما بعد بالجامعة ويمثلها رئيسها وبين الطرف الثاني:.. والمتخذ محلاً مختاراً في ....

عمان/ الأردن

****

(1) تعيّن الجامعة الطرف الثاني للعمل لديها بوظيفة .... ويكون عند تعيينه لأول مرة تحت التجربة لمدة ثلاثة أشهر، ويحق للجامعة خلالها إنهاء خدمته واعتبار هذا العقد كأن لم يكن، ولها الحق أيضاً أن تنقله إلى أية وظيفة لديها، وذلك في إطار تخصصه أو أي تخصص قريب من ذلك، وتكليفه بالإضافة إلى أعمال الوظيفة الأصلية القيام بأي عمل أو أعمال أو مهام أخرى.

(2) **أ.** يتفرغ الطرف الثاني كلياً للعمل لدى الجامعة خلال مدة هذا العقد، وليس له أن يقوم بأي عمل آخر سواء أكان بمقابل أم دون مقابل إلا بإذن خطي مسبق من الجامعة.

ب. يتعهد الطرف الثاني بالتقيد بنصوص وأحكام الأنظمة الداخلية والتعليمات والقرارات النافذة في الجامعة، وبتنفيذ جميع التعليمات التي تصدرها إليه إدارة الجامعة أو الكلية أو القسم العلمي أو أيّ مَرجِع يُخوَّل صلاحية إصدار مثل هذه التعليمات.

(3) تدفع الجامعة للطرف الثاني مقابل قيامه بالتزاماته المبينة في هذا العقد راتباً أساسياً شهرياً وقدره ...... بالإضافة إلى العلاوات المبينة في ملحق هذا العقد، ويفوّض الطرف الثاني الجامعة بأن تستقطع من مجموع ما يستحقه من راتب وعلاوات كل ما هو مُكلّف به من ضرائب ورسوم واشتراكات بموجب القوانين والأنظمة المعمول بها في المملكة.

(4) يمنح الطرف الأول للطرف الثاني (كل سنة) في نهاية مدة سريان هذا العقد راتب شهر أساسي بالإضافة إلى علاوة الاختصاص، وذلك زيادة عما هو منصوص عليه في المادة الثالثة من هذا العقد.

(5) في حالة إنهاء العقد خلال مدة التجربة، أو لأي سبب من الأسباب المبينة أدناه في هذا العقد لا يستحق الطرف الثاني أية رواتب أو مكافآت أو حقوق مهما كان نوعها تلي تاريخ الإنهاء:

أ. الأسباب الأمنية.

ب. الاستقالة خلال فترة سريان العقد.

ج. أي سبب أخلاقي يخل بالشرف أو الأمانة بعد تحقيق تجربة الجامعة.

د. ارتكابه أي جناية أو جنحة مخلّة بالشرف أو الأخلاق والأمانة.

هـ تحريضه الغير على القيام بالإضراب أو الشغب.

(6) يحق للطرف الأول إنهاء العقد خلال فترة سريانه ودون إشعار في الحالات التالية:

أ. إذا أخلّ الطرف الثاني بأي التزام من التزاماته بموجب هذا العقد.

ب. إذا رأى رئيس الجامعة أن مصلحة الجامعة تقتضي الاستغناء عن خدمات الطرف الثاني أو إنهاء عمله فوراً ومن غير إبداء أية أسباب، وفي هذه الحالة يدفع له راتب شهرين أو المدة المتبقية من العقد أيهما أقل، وذلك تعويضاً متفقاً عليه مسبقاً.

(7) يبدأ سريان هذا العقد اعتباراً من تاريخ مباشرة الطرف الثاني العمل في الجامعة ويستمر لمدة اثني عشر شهراً أو حتى تاريخ 9/14 من كل عام أيهما أسبق.

(8) أ. وفي جميع الحالات يعتبر هذا العقد لاغياً إذا لم يباشر الطرف الثاني العمل خلال أسبوع من بداية السنة الجامعية.

ب. إذا انقطع الطرف الثاني عن العمل دون سبب مشروع تقبله الجامعة خلال فترة سريان العقد يُغَرَّم مبلغاً وقدره خمسة آلاف دينار أردني كتعويض للطرف الأول عن العطل والضرر الناجمين عن التخلف أو الانقطاع مع عدم الإخلال بالحقوق التي يرتبها قانون العمل للجامعة.

(9) أي خلاف قد ينشأ عن بنود هذا العقد أو تنفيذ أحكامه يحال إلى مجلس العمداء أو مجلس الجامعة للفصل في هذا الخلاف، ويكون قراره نهائياً وملزماً للطرفين.

(10) تطبق أحكام قانون العمل الأردني على كل ما لم يَرِد بشأنه نص في هذا العقد.

****

الطرف الثاني:

الاسم:.........................

التوقيع:.........................

الطرف الأول:

الاسم:................................

التوقيع:................................

ملحق العقد

أ- الراتب الأساسي (.......) ديناراً.

ب- علاوة بدل النقل (.......) ديناراً.

ج- علاوة إضافية/ تخصص (.......) ديناراً (100% من الراتب الأساسي)

د- علاوة غلاء معيشة (.......) ديناراً.

هـ- علاوة سكن (.......) ديناراً.

و- علاوة خاصة (.......) ديناراً.

المجموع الكلي للراتب (..........) ديناراً

الطرف الثاني:

الاسم:.........................

التوقيع:.........................

الطرف الأول:

الاسم:................................

التوقيع:................................

عقد إيجار

المؤجر...

المستأجر..

المأجور (موقعه ونوعه)...................................

تاريخ ابتداء الإيجار......................................

مدّة الإيجار..

بدل الإيجار (السعر).....................................

الشروط:

1) استلم المستأجر المأجور سالماً من كل عيب، وعليه تسليمه كذلك.
2) يجوز تجديد هذا العقد بزيادة سنوية قدرها 2% من القيمة الأساسية وبموافقة الطرفين.
3) ليس للمستأجر الحق بتأجير المأجور أو جزء منه لآخر، أو إدخال شريك معه.
4) لا يحق للمستأجر أن يحدث أي تغيير في المأجور بدون إذن خطي.
5) يجب على المستأجر إصلاح أي عطل في المأجور أو يدفع تكاليف ذلك.
6) يحق للمؤجر أن يبني طوابق علوية فوق المأجور أو بالقرب منه.
7) لا يجوز للمستأجر أن يستخدم المأجور لغير الغاية التي استأجره لأجلها أو أن يستعمله فيما يخالف الشرع والقانون وأنظمة البلاد والآداب العامة.
8) يدفع المستأجر أثمان المياه والكهرباء.
9) شروط إضافية...

وعلى هذه الشروط تم الاتفاق بين الطرفين بتاريخ ..../.../....

شاهد	شاهد	المؤجر	المستأجر
....	....	....	....

عقد عمل زراعي

فريق أول.....................جنسيته...................عنوانه.....................

فريق ثانٍ................... جنسيته................ عنوانه.....................

اتفق الفريقان على ما يلي:

1- أن يعمل الفريق الثاني لدى الفريق الأول بمهنة ....

2- يمنح الفريق الأول الفريق الثاني مقابل عمله أجرة .... شهرياً.

3- يلتزم الفريق الأول بالعقد إذا دخل في العقد فريق ثالث مفوض عن صاحب العمل وقام بالتوقيع على عقد العمل نيابة عن صاحب العمل.

4- شروط إضافية.

    أ. السكن.

    ب. الطعام.

    ج. بدل مواصلات.

    د. غلاء معيشة.

5- حرّر هذا العقد بتاريخ ...../...../..........

6- يسري هذا العقد اعتباراً من تاريخ إبرامه.

التاريخ ...../...../..........

الفريق الأول	الفريق الثاني	شاهد	شاهد
....	....	....	....

عقد زواج

محكمة.........

التاريخ: / / 14هـ الموافق / / 19م

في يوم .... عقدت أنا......... مأذون عقود......... في ....

مجلساً شرعياً في منزل......... وحضر لديّ فيه المكلفان شرعاً

الخاطب......... والمخطوبة......... ....

مكان الولادة وتاريخها......... مكان الولادة وتاريخها.........

مكان الإقامة......... مكان الإقامة.........

الجنسية......... الجنسية.........

المهنة......... المهنة.........

وحضر معهما شاهدا العقد: السيد......... من......... وسكان.........

السيد......... من......... وسكان.........

وقرر الخاطبان في هذا المجلس أنهما يرغبان في إجراء عقد نكاحهما برضاهما وموافقة الولي الشرعي للمخطوبة.........

على مهر معجّل قدره ....

ومهر مؤجّل قدره.........

وتوابع مهر.........

المباشران للعقد.........

شروط أحد الزوجين.........

وقررت المخطوبة توكيل.........

وأقرّ وليّها/ وكيلها.........

هذا وقد اطلع الشاهدان المذكوران أعلاه على جميع ما ذكره وشهدا عليه وأقرّا بصحته. وأقرَ الخاطبان أنهما يتحملان كامل المسؤولية الشرعية والقانونية إذا ظهر خلاف ذلك وبناء على هذا، وبعد التحقق من المستندات وانتفاء الموانع، فقد أجريت بتوفيق اللـه عقد الزواج بين الخاطبين المذكورين وسجّلته بالقسيمة رقم (....) ووقعته حسب الأصول وصلى اللـه على سيدنا محمد وعلى آله وصحبه وسلم.

شاهد	شاهد	الزوج أو وكيله	الزوجة أو وكيلها
....	....	....	....

الولي الشرعي	المأذون
....	....

طلب عقد زواج

فضيلة القاضي .... الشرعي المحترم

المستدعي............................ من بلدة............................

المطلوب:- طلب صورة عن وثيقة الزواج

تحية وبعد

فأرجو التكرم بالإيعاز لمن يلزم لإعطائي صورة عن وثيقة زواجي في ضوء المعلومات التالية:

اسم الزوجة:......................................

تاريخ الزواج: ..../..../...................

اسم المأذون الشرعي..........................

وتفضلوا بقبول فائق الاحترام

التاريخ ..../..../............. المستدعي..............................

المحضر

المحضر في اللغة بمعنى السجلّ، ويرتبط المحضر عادة بالاجتماعات ومسجل لما يجري في اجتماع رسمي (ليست مرتبطة بالحكومة).

وقد تكون الاجتماعات إدارية، وقد تكون قضائية، وقد تكون برلمانية......إلخ حتى يتم الرجوع إليها حين الحاجة.

محاضر الشركات والمدارس......إلخ

شروط عامة للمحضر:

1- أن يكون المحضر موجزاً.
2- أن يكون المحضر واضحاً لئلا يقع تأويل.
3- أن يكون دقيقاً لأنه قد يتضمن قرارات، وقد تكون حساسة.
4- حسن الطباعة وحسن الإخراج.
5- الأداء اللغوي، وحسن التقسيم، وترتيب الفقرات.

ما يشتمل عليه المحضر:

1- يشتمل على الرقم السنوي   /   /   .
2- المكان.
3- التاريخ والوقت.
4- رئيس الاجتماع أو من ينيبه.
5- أسماء الحاضرين فرداً فرداً (ينبغي ذكر الأسماء كلها).
6- أسماء المعتذرين، ثم أسماء الغائبين، وأسماء المجازين، ثم أسماء الذين حضروا الاجتماع ممن ليسوا أعضاء فيه.
7- نص جدول الأعمال، ويمكن أن يذكر متفرقاً.
8- المسائل التي بحثت، وربما تطلب الأمر إيراد موجز للنقاش حولها وليس ضرورياً أو مرغوباً.
9- القرارات.
10- وقت انفضاض الاجتماع أو الجلسة.
11- موعد الاجتماع التالي.

نموذج

بسم الله الرحمن الرحيم

محضر اجتماع رقم 15 لمجلس المعلمين

المكان: قاعة الاجتماعات.

الزمان: الاثنين: 1995/5/15 الساعة العاشرة صباحاً.

نص المحضر:

عقد مجلس المعلمين في مدرسة خالد بن الوليد الثانوية اجتماعه الخامس عشر للعام الدراسي الحالي برئاسة السيّد/ أحمد عبد اللـه مدير المدرسة، وحضور أعضاء المجلس التالية أسماؤهم:

1- .... 2- ....

3- .... 4- ....

5- .... 6- ....

وقد اعتذر عن عدم الحضور كل من الأستاذ

1- .... 2- .... 3- ....

وتغيّب عن الاجتماع الأستاذ...

ولم يتمكن كلٌّ من فلان................ وفلان .... من الحضور.

وبذلك يكون الاجتماع قانونياً لتوافر النصاب.

وبعد أن افتتح رئيس المجلس الجلسة، رحّب بالحضور، ثم بدأ المجلس بمناقشة جدول الأعمال بعدها اتخذ المجلس القرارات التالية:

1- قرر المجلس تنظيم رحلة علمية إلى منطقة الأغوار الشمالية.

2- قرر المجلس الإسهام في حملة أسبوع النظافة التي تقوم بها البلدية وذلك من خلال إيفاد الطلبة المتطوعين للمشاركة في هذه الحملة.

3- قرر المجلس إقامة حفل يدعى إليه أولياء أمور الطلبة وذلك بعد ظهور نتائج الامتحانات تكريماً للطلبة المتفوقين.

وقد انتهى الاجتماع في الساعة الثانية عشر ظهراً وتقرر عقد الاجتماع القادم في الأسبوع القادم في نفس المكان والموعد نفسه.

أمين سر المجلس

جامعة العلوم التطبيقية	
كلية الآداب	الرقم: ....
قسم اللغة العربية	التاريخ: ...../...../......

محضر اجتماع القسم الرابع

المكان: قاعة اجتماعات الكلية.

الزمان: الساعة الحادية عشرة من صباح يوم الاثنين 1996/12/23.

الحضور:

1. د. إبراهيم صبيح	رئيس القسم	
2. د. سعود عبد الجابر	مقرراً.	
3. د. أحمد حّماد	عضواً.	
4. د. حسين عبد الحليم	عضواً.	
5. د. مأمون جرار	عضواً.	
6. د. كامل ولويل	عضواً.	
7. د. محمد السلمان	عضواً.	
8. د. عبد اللـه مقداد	عضواً.	
9. د. فاروق منصور	عضواً.	(غائب بعذر).

وقائع الاجتماع:

1. تمت المصادقة على محضر الاجتماع السابق.
2. ناقش القسم موضوع الطلبة الخريجين ووافق على التنسيب بتخريج الطلبة التالية أسماؤهم.
   1. إلهام عبد الرحمن محمد نصّار ورقمها الجامعي (9210761)
   2. سناء عبد الرحيم محمد أبو العيش ورقمها الجامعي (9221768)
   3. إبراهيم مصطفى سليمان الدلاهمة ورقمها الجامعي (9310300)
   4. ريما نواف محمّد اسهيل ورقمها الجامعي (93100786)
   5. رولا يوسف عبد الـلـه زيدان ورقمها الجامعي (9311094)
   6. سعاد محمد حسين العقيل ورقمها الجامعي (9311815)
   7. أمينة إبراهيم نهار الوريكات ورقمها الجامعي (9311904)
   8. أروى موسى مصطفى عبد العال ورقمها الجامعي (9312405)
   9. خالد موسى مصطفى العجارمة ورقمه الجامعي (9311218)
3. نوقش موضوع الطلبة المحرومين. واتفق على إعداد قوائم بأسمائهم في موعد أقصاه يوم السبت الموافق 1996/12/28.
4. تدارس القسم موضوع الامتحانات، واتفق على ضرورة الالتزام بجدول المراقبة المعد وتقديم النتائج في الموعد المحدد.
5. ناقش القسم موضوع الطالبة رولا نعيم البكري ورقمها الجامعي (921112) وهي خريجة في الفصل الثاني وبحاجة إلى ساعة حلقة بحث ولذا يقترح القسم طرح ساعة مكتبية واحدة مأجورة لهذه الغاية.

وانتهى الاجتماع في تمام الساعة الثانية عشرة ظهراً.

أمين سر القسم
د. سعود عبد الجابر

رئيس القسم
د. إبراهيم صبيح

محضر الاجتماع السابع لمجلس كلية الآداب 1997/96

اليوم والتاريخ: الأربعاء 1997/4/30
المكان: قاعة اجتماعات الكلية
الزمان: الساعة الثانية ظهراً.
الحضور:

عقد الاجتماع السابع لمجلس كلية الآداب برئاسة د. .... عميد الكلية.

وحضور كل من:

1. د. .... رئيس قسم التربية والعلوم الاجتماعية   عضواً
2. د. .... القائم بأعمال رئيس قسم اللغات الأجنبية   عضواً
3. د. .... القائم بأعمال رئيس قسم اللغة العربية   عضواً
4. د. .... القائم بأعمال رئيس قسم الشريعة   عضواً
5. د. .... القائم بأعمال رئيس قسم الفنون الجميلة   عضواً
6. د. .... ممثل قسم قسم الفنون الجميلة   عضواً
7. د. .... ممثل قسم قسم اللغة العربية   عضواً
8. د. .... ممثل قسم قسم اللغات الأجنبية   عضواً
9. د. .... ممثل قسم قسم الشريعة   عضواً
10. د. .... ممثل قسم قسم العلوم الاجتماعية   عضواً

وقائع الاجتماع:

1- المصادقة على محضر الاجتماع السابق (السادس 1997/3/22).

2- غياب الطلبة والحرمان:

ناقش المجلس موضوع غياب الطلبة والحرمان، وتم الاتفاق على أن يتم التقيد بالتعليمات الخاصة بغياب الطلبة بدون عذر، وإذا زاد غياب الطالب عن الحد المقرر فيتم حرمانه بتنسيب من عضو هيئة التدريس ورئيس القسم المعني وقرار العميد.

وتسجيل كلمة (محروم) في خانة الاختبار النهائي بعد صدور قرار الحرمان ويمنع الطالب من دخول الاختبار النهائي.

أما إذا كان غياب الطالب بعذر مقبول فيسمح له أن يتغيّب ما مجموعه 12 محاضرة في أيام السبت والاثنين والأربعاء، 8 محاضرات في أيام الأحد والثلاثاء، أي ما يوازي 25% من عدد المحاضرات للفصل الدراسي.

وإذا زاد غياب الطالب عن ذلك سواء بعذر مقبول أو غير مقبول فيعتبر الطالب منسحباً من المادة ويكتب في خانة الاختبار النهائي كلمة (منسحب).

3- درجات أعمال الفصل:

نوقش موضوع درجات أعمال الفصل، واتفق المجلس على أن ترصد درجات الفصل في حينها بموجب اختبارات رسمية أو تكليفات علمية كالتقارير والأبحاث وغيرها وتشكّل في مجموعها 50% من الدرجة النهائية.

وإذا تخلف أحد الطلبة عن الاختبار الأول أو الثاني بعذر مقبول فيجرى له اختبار تعويضي خلال الفصل وترصد له درجته، وإذا تخلف بعذر غير مقبول فيرصد له درجة (صفر)، وتعتبر درجات أعمال الفصل نهائية بعد صدورها وتسليم الكشوف، ولا يجوز لعضو هيئة التدريس طلب تغيير أي درجة من درجات أعمال الفصل بعد الاختبار النهائي، ويجب عليه مراعاة الدّقة التامة في رصد درجاته ومراعاة سلامتها وعدالته، ويجب عليه إعلام الطلبة بما نالوا من درجات مخصصة لأعمال الفصل قبل موعد الاختبار النهائي بوقت كافٍ.

4- الاختبارات:

ناقش المجلس موضوع الاختبارات وخلص إلى ضرورة أن يتحلى عضو هيئة التدريس بأقصى درجات الدقة في رصد درجات الاختبار النهائي، وإذا تخلف أحد الطلبة عن الاختبار النهائي بعذر مقبول سلفاً من عميد الكلية فيسجل له في خانة الاختبار النهائي رمز (غ م) أي (غير مكتمل) شريطة تقديم الطالب صورة عن الموافقة التي حصل عليها من عميد الكلية. أما إذا كان تغيب الطالب دون عذر مقبول سلفاً من عميد الكلية فيسجل له رمز (غ) أي (غائب) على أساس أن غيابه عن الاختبار النهائي سوف يبتّ فيه فيما بعد.

وناقش المجلس موضوع الدرجة النهائية التي يحصل عليها الطالب إذا كانت أقل من 35 ورأى أن تكتب الدرجة في الخانة المقررة كما هي، وأن يكتب بجوارها درجة (35) بين قوسين.

5- لجان الكلية:

نوقش موضوع لجان الكلية المختلفة وهي: لجنة الترقيات، ولجنة الإرشاد الأكاديمي وشؤون التسجيل، ولجنة الامتحانات والمراقبات، ولجنة المكتبة والبحث العلمي، ولجنة النشاط الاجتماعي والثقافي، وتم الاتفاق على ضرورة تفعيل هذه اللجان، بحيث تقوم بأداء مهامها وتقديم تقارير عن أنشطتها وفعالياتها بشكل دوري كما كان قد ورد في قرارات تشكيلها.

6- ما يستجد من أعمال:

أثار كل من الدكتور...... والدكتور...... بعض التساؤلات حول نظام الترقية، وقد تقرر أن يقوم الأستاذ الدكتور ناصر ثابت رئيس لجنة الترقيات بتصوير هذا النظام وتوزيعه على الزملاء في المجلس.

وانتهى الاجتماع الساعة الثالثة عصراً.

أمين السر	رئيس المجلس
د.	د. ....

المراجع

1) د. إحسان عباس، فن السيرة، دار الثقافة، بيروت 1956.

2) ابن منظور، لسان العرب.

3) عباس محمود العقاد، (العبقريات، معاوية في الميزان، سعد زغلول) صدرت ما بين 1942 – 1956م.

4) ميخائيل نعيمة، جبران، صدرت 1951م.

5) محمد سعيد العريان، حياة الرافعي، صدرت 1947م.

الفصل التاسع
فن الإلقاء

د. حسين عبد الحليم

فن الإلقاء

المقدمة

الإلقاء موهبة من المواهب التي يمنحها اللـه سبحانه وتعالى لكل من الخطيب والمحاضر والمذيع والممثل. وفن الإلقاء هو فن التعبير عما يختلج في النفس باللسان وبالحركة وبالإشارة مجتمعة في وقت واحد ابتغاء الإفهام والتأثير، ثم الإفحام؛ لأنه نهاية النهايات من فن الإلقاء وهو التأثير في السامعين[1]. وهو فن ذو صلة بعلم النفس وعلم الاجتماع وعلوم اللغة وآدابها. وهناك من يعرفه بالمهارة الفنية في استغلال الصوت البشري بما يخدم الإنسان في تعامله واتصاله مع الآخرين بشكل جميل وممتع ومثير[2].

وآخر يرى أن الإلقاء يعني حسن الأداء الصوتي للمادة المقروءة بحيث يتم تكوين الصوت وفقاً لمتطلبات الصياغة الأسلوبية والمدى التأثيري المطلوب، ويكون في القراءة العادية وفي الخطابة وفي قراءة الشعر وفي التمثيل[3].

الإلقاء بين العلم والفن: يتجه العلم والفن إلى العناية بصقل المواهب والتدريب وبأسلوب الإلقاء وتهذيب أصوله وطرائقه في ضوء الدراسات والأبحاث النفسية والاجتماعية والتجارب الفنية المتتابعة في ميادين الإذاعة والتلفاز والمسرح ومجالات الثقافة العامة والتعليم، وأصبح فن الإلقاء عنصراً مهماً في الدراسة المتخصصة ضمن هذه المجالات تعقد له البحوث والندوات وتؤلف فيه الكتب، ويأخذ به الطلاب في كليات الآداب والمعاهد الفنية.

---

(1) فن الإلقاء، عبد الحميد حسين سليم، مراجعة الدكتور محمد رضوان وعبد المحسن سليم إسكندرية، ص 27 سنة 1977

(2) فن الإلقاء، سامي عبد الحميد وبدوي فريد، مطبعة جامعة بغداد ص 11 سنة 1980م.

(3) المهارات اللغوية، محمد الشنطي، دار الأندلس للنشر والتوزيع ط2 ص 226 سنة 1994م.

والإلقاء لون من ألوان الخبرات الحيوية التي تستند في تكوينها ونموّها ونضجها إلى أصول وأسس محددة وقواعد واضحة، وليس الإلقاء مجرد محاولة من المحاولات العشوائية أو الأعمال الارتجالية.

ولكي نحدد وضع الإلقاء من الناحيتين العلمية والفنية لا بد أن نبين خصائص كل من العلم والفن:

فالعلم - لغة – هو إدراك الشيء بحقيقته معرفة ويقيناً، وتكون على درجات وطرق أحدها ما وقع من عيان وهو البصر أو ما استند إلى السمع أو ما استند إلى التجربة أو ما أدرك بسائر الحواس أو بالباطن وهي الوجدانيات أو ما حصل بالفكر والاستنباط وإن لم يكن تجربة. وطرق العلم ووسائل إدراكه هي السمع والأبصار والأفئدة وفي ذلك يقول الحق: (وَاللَّهُ أَخْرَجَكُمْ مِنْ بُطُونِ أُمَّهَاتِكُمْ لَا تَعْلَمُونَ شَيْئًا وَجَعَلَ لَكُمُ السَّمْعَ وَالْأَبْصَارَ وَالْأَفْئِدَةَ لَعَلَّكُمْ تَشْكُرُونَ (78)) [1] .

أما الفن فهو أنواع متعددة من المهارات اليدوية أو الحركية أو الصوتية كالخط والرسم والنحت والموسيقا والخطابة والتمثيل والغناء ونحو ذلك.

ونضع أمامنا مجموعة من الأسئلة التي تدور حول الإلقاء منها:

هل الإلقاء مجموعة من الحقائق والقواعد الثابتة التي لا سبيل إلى الشك فيها والاختلاف بتطبيقها؟ وهل يتفاوت حظ المذيعين والخطباء والممثلين والمحاضرين في المهارة في الإلقاء بتفاوتهم في الإلمام بهذه الحقائق والقواعد، فيكون أمهرهم في الإلقاء هو أكثرهم حظاً وإلماماً بهذه الحقائق، ويكون أقلهم مهارة هو أقلهم حظاً وإلماماً بها؟

أم أن الإلقاء نوع من المهارات العلمية المكتسبة بالمران والتمرس والتدريب؟ ثم أليس من المحتمل أن يكون أجهر الناس في الإلقاء أقلهم معرفة بتلك القواعد الفنية ويكون أحفظ الناس لها هو أقلهم مهارة في المواقف العلمية؟

وهنا يجدر بنا أن نعرف أن المهارة التي تبدو في مواقف الخطباء والمذيعين

---

(1) سورة النحل 78.

والممثلين والمحاضرين وحسن اتصال كل منهم بجمهوره وحديثه إليهم وبراعته في استمالتهم واستهوائهم والنفاذ إلى قلوبهم وجذبهم هي أولى المقومات لنجاح فن الإلقاء.

وبذلك يكون الإلقاء فناً وثيق الصلة بالعلوم التي تمده بالتجارب والخبرات ومن هذه العلوم علم النفس الذي يعالج النفس الإنسانية ويكشف خفاياها بالبحث والتحليل وعلوم اللغة وآدابها حيث تقدم لمن يعمل في هذا الميدان تراثاً ضخماً وذخيرة وافرة.

ومما لا شك فيه أن فن الإلقاء له أهمية كبيرة بالنسبة إلى الممثل مسرحياً كان أم إذاعياً أم تلفزيونياً أم سينمائياً لأن الإلقاء جزء لا يتجزأ من فن الممثل وهو أحد أدواته الفنية المعروفة.. والمذيع مهما كانت معلوماته في أصول اللغة وفقهها، ومهما كان يمتلك من مخزون أدبي واجتماعي وسياسي ومن إشراقة وجه وشخصية جذابة وثقة في النفس فإن هذه الخصائص والقدرات لسوف تذهب سدى وتضيع ما لم يملك قدرة جيدة في فن الإلقاء... والخطيب لا بد أن يمتلك ناصية فن الإلقاء بشكل جيد وأنه لا يتمكن من أداء الخطبة بشكل حسن ما لم يتمكن من فن الإلقاء. وغني عن البيان نقول: إن المحدّث أو المحاضر أو المدرّس لا بد أن يتمكن من فن الإلقاء حتى يستطيع أن يجذب إليه المستمعين أثناء الدرس أو المحاضرة أو الندوة [1].

ولا يفوتنا هنا أن نتذكر أن من يتقن اللغة العربية ويقف على أسرارها يتمتع بثروة لغوية وتعبيرية لا ينضب معينها وتفيده كثيراً في المواقف الارتجالية التي قد يتعرض لها.

مقومات فن الإلقاء:

أولاً: الفطرة والموهبة الطبيعية: وتتضح هذه في النبوغ حيث يبرز الملقي بشكل يلفت النظر من خلال مؤهلاته المتميزة التي تخوله تسلم زمام (الميكروفون أو ناصية المسرح أو منصة الخطابة).

---

(1) طرق تدريس فن الإلقاء، سامي عبد الحميد، بدري حسون، بغداد ص 3 - 4.

ثانياً: الخبرة والتجربة: وهي مجموعة من المعلومات والانفعالات ووجهات النظر والاتجاهات العقلية، وهذه تجعل كلاً من الخطيب والمذيع والممثل والمحاضر يحس بمهمته ويعمل على تصعيد فنه وتجويده.

ثالثاً: صفاء الذهن والتفاعل مع المادة المقروءة: التي ينبغي أن تكون محببة إلى النفس، وذلك لكي يستطيع القارئ تمثل ما يقرأ متحكماً في العبارات قادراً على إعطائها حقها من التأثير في نفس السامع حيث لا بد من تحضير الذهن والقدرة على تصوير الكلام في حالات الفرح والحزن والدهشة والتعجب فيسيطر على القلوب ويملك الأسماع[1].

رابعاً: التعليم: ويلعب التعليم دوره في الخبرة، إذ لا يقف التعليم عند حدود العلم المدرسي المحدد بسنوات معينة، ولكن ينبغي أن يتوج بالإحاطة الشاملة، والوقوف على دقائق (الميكروفون) ومنصة المسرح ووسائل الاتصال المباشر المرئية وغير المرئية، أساليب التأثير والتثقيف وعلم النفس والمجتمع واللغة والأدب.

خامساً: قوة الإرادة وقوة الشخصية: ونعني بقوة الشخصية في مجال الإذاعة امتلاك المذيع (الميكروفون) بثقة وشجاعة ومقدرة، وإبعاد كل من شأنه أن يؤدي إلى الفشل في وظيفته: كالخوف والشرود الذهني، والانشغال بأمور أخرى وسوى ذلك، كما نعني بقوة الشخصية في المسرح ومنصة الخطابة تمكن الملقي من فنه وإتقانه دوره، والقيام به دون أن يحسب حساباً للعديد من المعوقات التي يمكن أن تتدخل في بعض المواقف المحرجة.

سادساً: الصوت: هو واحد من سمات النبوغ، ولا نقصد به الصوت المطرب وإنما الصوت المعبر الواضح النقي الذي لا ينساب على وتيرة واحدة، الصوت المطيع المرن الذي يستطيع أن يتمثل المواقف المختلفة، والمعاني المتنوعة، الصوت المعتدل الذي لا يزعج السامعين في مواقف الاعتدال، والصوت القوي الجهوري في مواقف القوة والحماسة والبرامج العسكرية.

(1) المهارات اللغوية، د. محمد الشنطي ص 226.

سابعاً: ضبط النفس: وحضور البديهة وسرعة الخاطر استعداداً لكل طارئ، وحسن التصرف في المواقف التي تطرأ أو التي لم يُحسب لها حساب مسبقاً.

ثامناً: القراءة المنضبطة الدقيقة: والاعتياد على ترويض ملكة اللسان عليها، ولا بد من رفع الصوت في القراءة حين يكون بهدف التدريب على الإلقاء، وأن نختار المادة المقروءة من الكتب الأدبية ذات الأساليب الرفيعة[1].

تاسعاً: النطق وطريقة الأداء وحسن المخارج: قد يكون ثمة مرض من أمراض الكلام أو عيب من عيوب النطق في اللسان أو فتحات الأسنان مما يتولد عنه نوع من التأتأة والثأثأة والتردد أو السرعة التي تأكل بعض الحروف، فلا تجعل الكلمة مفهومة. وقد أشار علماؤنا الأفاضل من أمثال الجاحظ والثعالبي النيسابوري إلى هذه العيوب فيقول الجاحظ[2]: (واللثغة في الراء وتكون بالغين والذال والياء والغين أقلها قبحاً. وإذا أدخل الرجل بعض كلامه في بعض فهو (ألف) وقيل بلسانه (لفف) و(اللجلاج) ليس خطيب القوم باللجلاج. ويقال في لسانه (حبسة) إذا كان الكلام يثقل عليه ولم يبلغ حد الفأفأة والتمتام، ويقال في لسانه عقلة إذا انعقل عليه الكلام، ويقال في لسانه لكنة إذا أدخل بعض حروف العجم في حروف العرب. وفي لسانه حكلة فإنما يذهبون إلى نقصان آلة المنطق وعجز أداة اللفظ حتى لا تعرف معانيه إلا بالاستدلال)[3].

وبعده جاء الثعالبي ورتّبها في كتابه فقه اللغة فقال[4].

الرثة: حبسة في لسان الرجل وعجلة في كلامه.

اللكنة والحكلة: عقدة في اللسان وعجمة في الكلام.

الهتهتة والهثهثة: حكاية صوت العيي والألكن.

(1) المهارت اللغوية، د. محمد الشنطي ص226.

(2) البيان والتبين ص 15.

(3) البيان والتبين ص 38 – 40.

(4) فقه اللغة للثعالب، دار مكتبة الحياة، ص 72.

اللثغة: أن يصير الراء لاماً والسين ثاء في كلامه.

الفأفأة: أن يتردد في الفاء.

التمتمة: أن يتردد في التاء.

اللفف: أن يكون فيه عي وإدخال بعض الكلام في بعض.

الخنخنة: أن يتكلم من لدن أنفه.

المقمقة: أن يتكلم من أقصى حلقه.

أنواع الإلقاء:

الإلقاء الذي يقوم على التحميس والانفعال الغاضب، وهذا اللون تكثر فيه الأساليب الإنشائية والاستنكارية فمن أمر إلى نهي إلى استفهام[1]. استمع إلى قوله تعالى في سورة العلق ثم قم بتمثيلها في ذهنك وإلقائها:

(أَرَأَيْتَ الَّذِي يَنْهَى (9) عَبْدًا إِذَا صَلَّى (10) أَرَأَيْتَ إِنْ كَانَ عَلَى الْهُدَى (11) أَوْ أَمَرَ بِالتَّقْوَى (12) أَرَأَيْتَ إِنْ كَذَّبَ وَتَوَلَّى (13) أَلَمْ يَعْلَمْ بِأَنَّ اللَّهَ يَرَى (14) كَلَّا لَئِنْ لَمْ يَنْتَهِ لَنَسْفَعَنْ بِالنَّاصِيَةِ (15) نَاصِيَةٍ كَاذِبَةٍ خَاطِئَةٍ (16) فَلْيَدْعُ نَادِيَهُ (17) سَنَدْعُ الزَّبَانِيَةَ (18) كَلَّا لَا تُطِعْهُ وَاسْجُدْ وَاقْتَرِبْ (19))[2].

1- وهناك الإلقاء الذي يستلزم الرقة وخفوت الصوت كالنصوص المتعلقة بالعواطف الإنسانية: كالحب والحزن والشفقة[3].

2- وهناك الإلقاء الذي يعتمد الصمت، وقد يكون الصمت أبلغ من الكلام، لأن الموقف يتطلب هذا الصمت، وأين يكون ومتى يحسن؟ والقدر الذي يجب أن يكون. انظر إلى الحجاج بن يوسف الثقفي وقد ذهب إلى أهل العراق والياً

---

(1) الخطابة وفن الإلقاء، مكتبة الخانجي، القاهرة، د. أشرف موسى ص 99 سنة 1978.

(2) القرآن الكريم - سورة العلق.

(3) المهارات اللغوية، د. محمد الشنطي ص 226.

واعتلى المنبر ثم أمسك لسانه وصمت هنيهة، جعل الناس يعيشون على أعصابهم[1]، ثم ما لبث أن انطلق في الكلام:

أنا ابن جلا وطلاّع الثنايا   متى أضع العمامة تعرفوني

3- وهناك الإلقاء الذي يعتمد على المناجاة الشخصية، ويحتاج إلى الحركة والإشارة والحوار، وفي الحقيقة فإن نجوى النفس وما فيها من أسرار تحتاج إلى قدرة فائقة أكثر من أي لون مضى، وهي أكثر فنية بحيث لا تصل إلى حد الإملال والضجر؛ لأن الحديث يكون آنذاك موجهاً إلى النفس.

4- وهناك النوع التقريري القصصي الذي يحتاج فيه الخطيب أو الممثل إلى سرده. ولا بد له من إجادة الفهم والقراءة والحركة وتوفر خصائص عضوية ولاسيما في الوجه والعضلات.

5- إلقاء المحاضرات: وهنا لا بد من أن نعرض لفن من فنون التعبير لا يقل أهمية عن المقالة والخطبة ألا وهو فن المحاضرة، وهو أن يتحدث المحاضر في المحاضرة لمستمعين مباشرة، ولهذا تحتاج إلى إعداد علمي وفني، فالمحاضر مسؤول مسؤولية مباشرة عما يقدمه من معلومات[2].

6- إلقاء الخطبة: فالخطابة فن مشافهة الجمهور وإقناعه واستمالته. وبناء الخطبة لا يختلف عن بناء المحاضرة والمقالة وغيرها من فنون التعبير. فالمقدمة والعرض والخاتمة هي المكونات الرئيسة للخطبة.

وأهم خصائصها:

(قوة الصياغة اللغوية ورنة الجرس الموسيقي، أما في عصرنا الحديث فإن الخطبة

(1) الخطابة العربية وفن الإلقاء، ص 34 -36.
(2) الخطابة العربية وفن الإلقاء، د. أشرف موسى ص 99..

عموماً قد تأثرت بالتفكير العقلي بدلاً من الانفعال العاطفي[1] (فالخطب التي تمتاز بجمال صياغتها وقوتها وتنهض على قيم إنسانية باقية قد دخلت ضمن التراث الأدبي في كل اللغات وبقيت حية دائمة التأثير المتجدد للأجيال المتعاقبة)[2].

وللخطيب دور مهم في إنجاح الخطبة وهذا بجودة صوته وجودة أدائه، فعليه أن يحدد أماكن الوقف في خطبته ويبرز الكلمات الهامة برفع صوته والضغط عليها. وإهمال الكلمات غير الهامة، كما أن عليه أن يراعي موسيقى الكلام وتلاؤم الإيقاع مع العواطف التي تصاحبها (فعاطفة السرور تقتضي الإبطاء، وعاطفة الغضب تقتضي الإسراع والتدفق)[3].

وأما الحركات والسكنات لا يقوم بها الخطيب لذاتها وإنما للتأثير في المشاهدين، وعلى الخطيب أن يكيّف حركاته وسكناته تبعاً للأفكار والمواقف التي سيقوم بها من مواقف جادة أو هازلة أو حزينة أو عاطفية.

كل ذلك من الأمور المهمة التي يجب أن يتم التدريب على مبادئها الأساسية بحيث يتعرف الخطيب أو الممثل أو المحاضر بصفة خاصة على أداء الحركات التعبيرية كحركة العين واليد.

والأمر لا يقتصر على الحفظ بل ينبغي أن ترسخ الحركة والأفعال في الأذهان قبل الحوار، وأن يتذكر الخطيب المواطن الخاصة ببعض الأمور.

وكلما كان قارئ الخطبة قادراً على الانفعال بالموقف متفهماً لحقيقة الدور الذي يقوم به متمكناً من الإحساس بالنسب الكلامية... كان ممسكاً بزمام الموقف متقناً للإلقاء)[4].

---

(1) طرق تدريس فن الإلقاء، ص 34 – 36.

(2) الأدب وفنونه، د. محمد مندور، ص 17 القاهرة، نهضة مصر (د. ت).

(3) فن الخطابة، د.أحمد الحوفي ص 192.

(4) المهارات اللغوية، د. محمد الشنطي ص 227.

المراجع

1) فن الإلقاء، عبد الحميد حسن سليم، مراجعة الدكتور محمد رضوان وعبد المحسن سليم، إسكندرية 1977.

2) فن الإلقاء، سامي عبد الحميد وبدري فريد، مطبعة جامعة بغداد، ص 11، 1980.

3) المهارات اللغوية، د. محمد الشنطي، دار الأندلس للنشر والتوزيع، ط2، عام 1994.

4) طرق تدريس فن الإلقاء، سامي عبد الحميد وبدري حسون، بغداد.

5) البيان والتبيين، الجاحظ، تحقيق عبد السلام هارون، مؤسسة الخانجي بالقاهرة.

6) فقه اللغة، الثعالبي، دار مكتبة الحياة، بيروت.

7) الخطابة العربية وفن الإلقاء، د. أشرف موسى، مكتبة الخانجي بالقاهرة عام 1978.

8) فن التحرير العربي، د. محمد الشنطي، دار الأندلس للنشر والتوزيع، المملكة السعودية.

9) فن الخطابة، د. أحمد الحوفي ط4، مطبعة نهضة مصر بالقاهرة، عام 1972.

10) الأدب وفنونه، د. محمد مندور، نهضة مصر بالقاهرة (د.ت).

الفصل العاشر
في المشكلات الكتابية عند الطلبة

د. كامل ولويل

القضايا اللغوية

سنبحث في هذا الموضع النقاط اللغوية التي تصاحب مادة فن الكتابة والتعبير في مختلف المجالات، وأبرز هذه النقاط ما يلي:

أ.   الترجمة وأثرها في الأسلوب.

ب. كلمات متداولة كثيراً لا تستعمل في موقعها السليم.

ج. بعض النصوص اللغوية للمعالجة.

الترجمة وأثرها في الأسلوب والكلمة

إن التشابك في العلاقات بين الأمم ولغاتها قوي جداً في عصرنا هذا، فالدولة لها علاقاتها مع الدول الأخرى، والشركات والمؤسسات المحلية ترتبط بالشركات والمؤسسات الأجنبية بصورة أو بعدة صور، وطلاب السياحة وطلاب العلم وطلاب العمل كثيرون جداً، وهؤلاء ينتقلون من بلد إلى بلد، فأوجب ذلك كله أو بعضه تعلم اللغات الأجنبية وفتح الباب أمام دراسة اللغات الأخرى وترجمتها واستيعابها، إنها ضرورة حتمية ولا يستطيع أحد أن ينكر وجودها، إنها مسألة معلومة بالضرورة، وليس لنا بد من التعامل معها ومعرفة ما ستأتي به الترجمات للغتنا وما صورة تأثيرها في اللغة العربية، فنقف أمام السلبي منها، فننكره أو نحوّره أو نعرّبه أو نقف على خطره، كما وقف علماؤنا الأفذاذ في مطلع القرن الثاني للهجرة فقاوموا لحن الأعاجم ووضعوا للعربية قواعد النحو والمعاجم، واللفظ الفصيح والمعرب الدخيل بل أسّسوا اللغة كلها.

ونحن نجابه اليوم مشكلة تفشي استخدام اللغات الأجنبية بدل لغتنا العربية، وترى فئات كبيرة أن استعمال اللغة الإنجليزية حضارة وتقدم، ولذلك يصطنعون لأنفسهم رطانة إنجليزية في حديثهم، ويخلطون لغتهم العربية التي تقصر عن الأداء فيما يظنون بلغة إنكليزية سيطرت عليهم في أثناء دراستهم في الخارج أو أثناء تبادل السلع

والبضائع، أو تسويق البضائع الأجنبية، إنه لا يهمنا معرفة الدواعي والأسباب، إنما يهمنا تنقية اللغة العربية من الشوائب.

الأساليب

تترجم بعض الأخبار أحياناً، كما تترجم بعض الإعلانات التجارية والرسائل التجارية بأسلوب غير عربي، إنه أسلوب إنكليزي في الأغلب، وها هي بعض الأمثلة، وسنذكر إلى جانبها المشكلات التي تثيرها مقالات صحفية مترجمة، ويستطيع أي قارئ أن يتحقق من ذلك بدراسته يومياً، ونطلب إليه أن يتفحص في القراءة حتى يستخلص العبرة ويعرف مواطن الخلل.

مثال (1):

قال المترجم يصف الفوضى في بلد أصابه القحط: (هذه الفوضى هي مجرّد أحد جوانب المشكلة)، لماذا وضع الكاتب كلمة (مجرّد) في عبارته؟ وضعها لأنها وردت في النص الإنجليزي إنها في لغتنا تعني: إزالة النبات وخلع الملابس، والفعل الخالي من الزوائد، إذن أقحمت الكلمة بسبب الترجمة وليس لحاجة العبارة إليها، ويلاحظ القارئ الركاكة في عبارة (أحد جوانب المشكلة)، فالمبتدأ في الجملة مؤنث وهو كلمة (فوضى)، ولكن كلمة (أحد) وهي الخبر مذكر، وتقوم لغتنا على تطابق التذكير والتأنيث بين المبتدأ والخبر ولم يقع التطابق في الجملة المعنية.

وما سبب السوء في هذه العبارة إلا الترجمة الحرفية، نحن لا نعارض ترجمة المعنى، ولكن ننكر الصياغة بأسلوب غير عربي.

وأما صياغة المعنى بأسلوب عربي فيتجلّى كما يلي:-

ما هذه الفوضى إلا مظهر من مظاهر المشكلة.

مثال (2):

قال المترجم: وصلت الديون ما قيمته 12% بالنسبة إلى الميزانية إلى جانب رفع

قيمة القروض من قبل المصرفيين.

ألا تلاحظ أن العربية فقدت حيويتها في هذا الأسلوب المترجم، لقد اشتمل على عدة نقاط تفارق أسلوبنا العربي القوي المبين، فكلمة وصل في لغتنا متخصصة بالأشياء الوجدانية ومنها أخذ المصدر (صلة) الأرحام، وإذا أردنا الوصول إلى شيء معين كالمكان مثلاً نقول: وصلنا إلى القاعة، قال الشاعر:

لو كان في قلبي كقدر قلامة　　　فضلاً وصلتك أو أتتك رسائلي

فالواصل هنا شيء وجداني وكلمة (بالنسبة) أثارت ركاكة أيضاً، فالعرب عندما تقول لك: انتسِب، أي بيّن نسبك أو نسبتك، فإنك تذكر والدك وجدك وقبيلتك، وتذكر العمومة والخؤولة، لكنها هنا بعيدة عن المطلوب، فقد حشرت ولا أدري لماذا حشرت، لأن 12% هي جزء من الميزانية، أو قل تمثل جزءاً منها ولذلك نقول: إلى 12% من الميزانية، وأما كلمة (من قبل) فزاد استعمالها الأسلوب سوءاً، إذ يقول المترجم: من قبل المصرفيين، إن الصواب يقتضي هنا إضافة المصدر (رفع) إلى (الفاعل)؛ لأن المصرفيين هم في الحقيقة الفاعل في هذه الجملة ألا نستطيع أن نقول: رفع المصرفيون قيمة القروض، إذن أقحمت كلمة (من قبل) إقحاماً وهي تعني في لغتنا: من جهة، ولماذا أقول من جهة المصرفيين ولا أقول من المصرفيين؟ وقد حشرت كلمة (إلى جانب) حشراً مثلها دون أي داع، ونستطيع الاستغناء عنها.

وبعد أن تناولنا هذا الأسلوب بالنقد، فإنّا نصوغ المعاني التي اشتمل عليها في أسلوب عربي مبيّن وهو:

وصلت الديون إلى ما قيمته 12% من الميزانية وزاد الأمر سوءاً رفع المصرفيين قيمة القروض.

وإليك أسلوباً أخر عربياً مبيناً، يحفظ المعنى ولا يتقيد باللفظ.

بلغت الديون 12% من الميزانية، ورفع المصرفيون للأسف قيمة قروضهم أيضاً. إن لغتنا واسعة وتستطيع أن تحتضن معاني كثيرة بأساليبها الفصيحة.

مثال (3):

قال المترجم: (ومن بين أخطر وأسوأ الأخطاء التي وقع فيها بعض الجرّاحين ذكرت الدراسة عن الإيدز).

آسف إذ أبيّن بصدق وصراحة أني قرأت مرات عدة ولم يتضح لي معنى محدد أستطيع الركون إليه، وإنما أخذت المعنى بالمقاربة والظن.

فالمعنى ظناً هو: قام الجراحون في عدة بلدان بدراسات طبية، واكتشف العلماء أخطاء لهؤلاء الجراحين في دراستهم، ولكن الدراسات التي قدّمت عن مرض الإيدز كانت أكثر الدراسات أخطاء.

إن هذا هو المعنى الذي يغلب على الظن، لقد خرجت العبارة عن أسلوب بناء الجملة العربية، فالجملة العربية تبدأ بالفعل أو تبدأ بالاسم، وإذ بدئت الجملة العربية بحرف جر مثلاً فإن الفعل لا يبعد عنه كثيراً ولا الاسم مثل: الشعر موزون، عمل أخي في الجامعة، في الدار خير كثير، في الكتاب وجدت نفسي.

لكن العبارة المترجمة التي بدأت بكلمة (ومن بين) جعلت الفعل (ذكرت) يأتي في آخر السطر بعد تسع كلمات من البدء، لماذا هذا؟

والعرب عادة لا تفصل بين المضاف والمضاف إليه، بل تجمعها بعضهما إلى بعض ثم تعطف عليهما مثل: أخطر وأسوء الأخطاء فصل فيها بين المضاف والمضاف إليه والأصوب قولنا: أخطر الأخطاء وأسوؤها، وكلمة أخطر اسم تفضي للموازنة بين شيئين لقد غيّب الأسلوب المترجم هذه الموازنة، إذن قد تصاغ العبارة بهذا الأسلوب العربي المبين:

كانت أخطاء الدراسة التي وقع فيها بعض الجرّاحين عن الإيدز أسوأ أخطاء الدراسات الطبية وأخطرها.

ويمكن إجمالها بما يلي: إن أخطاء الدراسة عن الإيدز هي أسوأ الأخطاء. ولا

نعدم الوسيلة اللغوية للتعبير عن هذه المعاني بصيغ مختلفة، ولكنها تلتقي جميعاً في أسلوب عربي مبين.

مثال (4):

قال المترجم وهو يتقيد بالأسلوب الذي صيغت به العبارة الإنجليزية:

(ضربت المنطقة كلها بواسطة العملاء) قال المبعوث الصيني.

اشتدت وطأة الترجمة حتى في شيء يسير جداً، إن جملتنا العربية تبدأ بالفعل أو الاسم، والفعل في العبارة السابقة هو (قال)، والفاعل هو (المبعوث)، وأما المفعول به فالجملة التي وضعت بين قوسين وهي تسمى عند النحويين العرب: مقول القول.

فالترتيب إذن هكذا: قال المبعوث الصيني (ضربت... العملاء)

ولنا موقف تجاه الجملة التي بين القوسين (ضربت... العملاء). لماذا بنيت الجملة للمجهول، إن كلمة (العملاء) هي الفاعل، لأنهم هم الذين ضربوا، وكلمة (بواسطة) أقحمت في الجملة إقحاماً بسبب الترجمة، ولا عمل لها، ولذلك نحول ضربت من المجهول إلى المعلوم أي ضربت، ثم نحذف كلمة بواسطة، ونصوغ الجملة كما يلي:

قال المبعوث الصيني: (ضربت العملاء المنطقة كلها). وقد يتساءل بعض الدارسين لماذا قلنا (ضربت) ولم نقل (ضرب) والرد على ذلك إن كلمة العملاء جمع تكسير، ولذلك يجوز إضافة التاء للفعل، وهذا مثال من قوله تعالى:(قَالَتِ الْأَعْرَابُ آمَنَّا)، كما يجوز حذفها.

نكتفي بهذا القدر من أمثلة الأساليب، ونركن إلى الدارسين لوضع الأساليب المترجمة بين أيديهم ليتفحّصوها ثم ليقيسوها على أسلوبنا العربي، ويمكن العودة لكتاب (اللغة العربية في وسائل الإعلام)[1].

---

(1) اللغة العربية في وسائل الإعلام/ تأليف الدكتور كامل جميل ولويل.

أخطاء شائعة

هذه كلمات عربية لم تستعمل في مواضعها الصحيحة، وشاع الاستعمال الخاطئ حتى حل محل الصحيح، ولذلك سنذكر الاستعمالات الخاطئة، ونقرنها بالاستعمالات الصحيحة لهذه الكلمات، ونستشهد لذلك بما نستطيعه من الأساليب الفصيحة أو قواعد اللغة التي تحكم الاستعمال، وأفضل ما نلجأ إليه من الأساليب أو القواعد هو الآيات الكريمة، ثم الأحاديث الشريفة، وأقوال العرب الذين استخدموا الكلمات المعينة في عبارات سليمة فصيحة، ليس للكلام المعرّب أو الدخيل في هذه الدراسة، إنما هي للكلام العربي الذي شاع الخطأ فيه فقط.

إن هذه الكلمات أمثلة، وليس الغرض منها حصر جميع الأخطاء، فإن ذكر جميع ما نعثر عليه من خطأ شائع يحتاج إلى إيجاد مؤلف أو مؤلفات، ولكن هذه الدراسة المختصرة تناسب المقام الذي نحن فيه، ولكن مقام مقال.

الأمثلة:

1- **سوياً:** نستمع للإذاعة فنجدها تعلن: وصل الوفدان سوياً على متن الطائرة. ونقرأ الصحيفة فنجد فيها: التقى الوفدان سوياً في قاعة الاستراحة بالفندق. ويذكّر أحدنا الآخر فيقول: لقد التقينا سوياً في هذا الموقع من قبل.

هذه الاستعمالات لكلمة (سوياً) ليست صحيحة، وعلينا أن نحل محلها كلمة (مع) لأنها هي التي تفيد الصحبة، وأما كلمة (سوياً) فلا تفيد الصحبة، فالصواب قولنا: وصل الوفدان معاً، والتقى الوفدان معاً، ولقد التقينا معاً.

كلمة (سوي) تفيد الاكتمال والاعتدال، كما تفيد خلو الشيء من النقص، قال سبحانه: (فَتَمَثَّلَ لَهَا بَشَرًا سَوِيًّا) ، فالملك كما ظهر لمريم العذراء البتول كان تام الخلقة والاعتدال كأي إنسان، ليس فيه ملامح غير الإنسان شيء، وهذا هو معنى كلمة سوي، وقال سبحانه (ثَلَاثَ لَيَالٍ سَوِيًّا) أي ثلاث ليال كاملة. إنك أينما

ولّيت وجهك للبحث تجد معناها للتمام والاكتمال والاعتدال، فالإنسان السوي، والأرض المستوية وغير ذلك لا تخرج فيها كلمة سوي عن المعنى المذكور.

ولكن انظر إلى هذا الظرف الذي يفيد الصحبة وهو (مع)، فقد جاء في قوله تعالى:(ﯙ ﯚ ﯛ) ، وجاء في موضع آخر(ﭣ ﭤ ﭥ ﭦ ﭧ ﭨ ﭩ ﭪ) ومعناها في الآيتين كما في كل الآيات الصحيحة.

ونغتنم فرصة الكتابة في كلمة (مع) لنبيّن أن العبارة التي شاعت وهي (مع أن) لم ترد في استعمال الفصحاء، إن هذه العبارة اقتحمت على الناس مجالسهم ولم يدققوا فيها، ويغلب على الظن أنها جاءت نتيجة الترجمة، ولكن الكلمة (بالرغم) أو (على الرغم) هي الصواب.

لا نقول: عاد الخلاف إلى سابق عهده (مع إن) الإشكالات قد حلت.

بل نقول: عاد الخلاف إلى سابق عهده برغم حل الإشكالات.

وقد ورد في الحديث الشريف أن النبي ﷺ قال: من قال لا إله إلا الله محمد رسول الله صادقاً بها قلبه دخل الجنة، فقام أبو ذر الغفاري مدهوشاً يسأل وإن فعل كذا وذكر عدة أمور من المحرمات، فقال النبي ﷺ: على رغم أنف أبي ذر.

2- **استلم:** استعلمت كلمة (استلم) في حجة الوداع أدق استعمال وأصوبه، وقد قطع استعمال الكلمة في هذا الموضوع الشك باليقين، قال الفقيه الأندلسي ابن حزم يصف دخول النبي ﷺ مكة قال: «ودخل مكة نهاراً من أعلاها أي من كداء من الثنيّة العليا صبيحة يوم الأحد، الخامس من ذي الحجة العام العاشر للهجرة فاستلم الحجر الأسود، وطاف بالكعبة سبعاً، رمّل ثلاثة منها ومشى أربعاً يستلم الحجر الأسود، والركن اليماني في كل طوفة ولا يمس الركنين الآخرين».

فكلمة استلم تعني: مسح الحجر الأسود وتقبيله، ولمس الركن اليماني، وقد عزز

هذا المعنى في موضوع الحج في كتاب صحيح مسلم إذ يقول عبد الله بن عمر رضي الله عنهما: ما تركت استلام هذين الركنين اليماني والحجر مذ رأيت رسول الله يستلمهما في شدة ولا رخاء.

هذا معنى كلمة استلم، لا يجوز أن نقول أو نكتب: استلمت الكتب، ويستلم أخي راتبه من الوزارة، وغير ذلك، بل نقول: تسلمت الكتب، ويتسلّم أخي راتبه من الوزارة، إن كلمة استلم تختلف عن كلمة تسلّم.

3- **يعتبر لاغياً:** تتكرر هاتان الكلمتان باستمرار بهذه الصورة: يعتبر الاتفاق لاغياً، كلتا الكلمتين خطأ، فلا تصلح كلمة (يعتبر) لهذا الموضوع كما لا تصلح كلمة لاغياً، أما كلمة (يعتبر) فهي للعظة والعبرة، وليس في جملة (يعتبر الاتفاق لاغياً) موضع لعظة واعتبار، وأما كلمة (لاغياً) فهي اسم فاعل، من الفعل لغا، أي تكلم كلاماً لا قيمة له، وليس المقام ثرثرة وكلاماً زائداً.

ضع كلمة (يعد) بدل كلمة (يعتبر)، وهات اسم المفعول من كلمة ألغى أي (ملغى) وضعها بدل لاغيا، فتصبح الجملة:

يعد الاتفاق ملغى، أي زال أثر الاتفاق السابق وأصبح لا يلزمنا.

فكلمة (ألغى) تعني إزالة الشيء، وتتمثل بقوله تعالى: (لَا تَسْمَعُ فِيهَا لَاغِيَةً) أي لا تسمع في الجنة كلاماً قبيحاً أو ثرثرة، وقال سبحانه (لَا يُؤَاخِذُكُمُ اللهُ بِاللَّغْوِ فِي أَيْمَانِكُمْ).

4- **من قبل:** هذه طائفة من الأمثلة التي تستخدم فيها عبارة (من قبل) على غير الوجه الذي ألفه الفصحاء، يقال الآن:

1- لم يحظ الإعلان بترحيب ملائم من قبل المساهمين.

2- وقع على محاضر الجلسات من قبل رؤساء اللجان.

3- احتلت الأرض المقدسة من قبل الإسرائيليين فترة طويلة.

ولإصلاح هذه الجمل يجب علينا فهم العبارة (من قبل)، لقد سميت الكعبة المشرفة قبلة لأن المسلمين يتّجهون إليها في الصلاة، وكلمة (قبل) تعني الجهة، قال سبحانه يبين حالة التقوى: (لَيْسَ الْبِرَّ أَنْ تُوَلُّوا وُجُوهَكُمْ قِبَلَ الْمَشْرِقِ وَالْمَغْرِبِ وَلَكِنَّ الْبِرَّ مَنْ آَمَنَ بِاللهِ وَالْيَوْمِ الْآَخِرِ)، وقد وردت عبارة (من قبل) في قوله تعالى (لَهُ بَابٌ بَاطِنُهُ فِيهِ الرَّحْمَةُ وَظَاهِرُهُ مِنْ قِبَلِهِ الْعَذَابُ) ، وكلا المعنيين لكلمة (قبل) هي الجهة، وقد عزز هذا المعنى بقوله ﷺ: (المسلم على ثغرة من ثغر الإسلام فلا يؤتيَنّ من قبلك).

إذاً، لا يصح معنى الجملة الأولى (لم يحظ الإعلان بترحيب ملائم من قبل المساهمين لأننا نريد في الجملة المساهمين أنفسهم ولا نريد الجهة التي هم فيها، فالمساهمون هي الفاعل في مقصد الكلام، لذلك نصوغ الجملة كما يلي: لم يرحب المساهمون بالإعلان ترحيباً ملائماً.

وفي الجملة الثانية (وقّع على محاضر الجلسات من قبل رؤساء اللجان) نجد الفعل (وقّع) مبنياً للمجهول برغم وجود فاعله وهو: رؤساء اللجان، ولكن الاستعمال الخاطئ لعبارة (من قبل) جعلت الفاعل مضافاً إليه، لذلك نصوغ الجملة كما يلي:

وقّع رؤساء اللجان على محاضر الجلسات.

ومثل ذلك في الجملة الثالثة إذ تصبح الصياغة:

احتل الإسرائيليون الأرض المقدسة فترة طويلة.

5- **الكلمات: ناهيك، هكذا، ونوّه.**

اعتاد بعض الكتاب استعمال الكلمات الثلاث على الصور الآتية:

أ- كان العنصريون يطلقون النار للقتل ناهيك عن الاعتقالات اليومية.

ب- ذلك سلوك مخالف لعقائدنا ولا نوافق على هكذا عمل في المؤسسة.

ج- لقد وقع في الإعلان خطأ في اسم: محمد حسين عبد الكريم، والصواب هو: محمود حسين عبد الكريم، وبذلك اقتضى التنويه.

إذاً: كلمة (ناهيك) كما هي في الجملة تعني: أضف إلى ذلك.
وكلمة (هكذا عمل) كما هي في الجملة تعني: مثل هذا العمل.
وكلمة (التنويه) كما هي في الجملة تعنى: البيان.
ولا ترد في لغتنا العربية هذه الكلمات بتلك المعاني، وإليك البيان: للتعظيم وعلو الشأن، يقال في اللغة:

هذا رجل ناهيك من رجل وهذه امرأة ناهيتك من امرأة، ترد كلمة (ناهيك) والمعنى أن الرجل والمرأة ينهيانك عن تطلّب غيرهما، فهما جادّان ومتفوقان علماً وعملاً وكرماً. وأما هكذا عمل، فإن من قواعد العربية أن يذكر الموصوف ثم الصفة، ولا يجوز العكس، يقال في اللغة: طائر كبير، ولا يجوز: كبير طائر، إذاً لا نجد في اللغة العربية ما يسوغ قولهم: كيف صدرت هكذا تصريحات من مسؤول رفيع المستوى والصواب هو: كيف صدرت تصريحات كهذه من مسؤول رفيع المستوى. فتكون شبه جملة (أي الجار والمجرور كهذه) صفة لتصريحات في محل رفع.

وأما كلمة (نوّه) فترد للتمجيد والتعظيم أيضا، فالثلاثي من الفعل نوّه هو نوّه أي (ناه) ومعناها ارتفع رأسه، وبهذا المفهوم للكلمة نعالج الجملة: وبذلك اقتضى التنويه، أي التنبه بتغيير الاسم الذي وقع فيه الخطأ، أي بيان الاسم، أو الإشارة إلى الخطأ لإصلاح الاسم، إن هذا كله غير وارد في لغتنا الفصيحة، وهذا مثال على الاستعمال الصحيح لهذه الكلمة:

أنوّه بفضل والديّ اللذين بذلا ويبذلان دون منٍّ ولا أذى.

نوّه المؤرخ الطبري بفضائل الخليفة الأول أبي بكر.

أي أمجد وأعظم.

6- **الحال: لوحدهم، أولاً بأول.**

تقع العبارات السابقة أحوالاً، يقال في الاستعمالات المعاصرة:

1- بقي يكتب لوحده، وبقوا في الساحة لوحدهم.

2- ينجز المؤلف عمله أولاً بأول، تعلن نتائج المباراة أولاً بأول.

والحال من هذه الكلمات لا يأتي على هذه الصورة، (فكلمة) وحده هي الحال ولكن من دون وقوعها بعد حرف جر، فالصواب قولنا:

بقي يكتب وحده: وبقوا في الساحة وحدهم.

كأننا قلنا: بقي يكتب منفرداً، وبقوا في الساحة منفردين.

وأما عبارة (أولاً بأول) فإنها تستعمل الآن لتدل على تتالي الأفعال وتعاقبها، والحرف المستخدم للعطف مع التعقيب المباشر هو (الفاء)، ولذلك نقول: ينجز الموظف عمله الأول فالأول. ونقول لفئة من الطلبة: ادخلوا الأول فالأول.

كأننا قلنا: ينجز الموظف عمله متعاقباً، فكلمة متعاقباً حال من المفعول به.

وفي الجملة الثانية: ادخلوا متعاقبين وكلمة (متعاقبين) حال من الفاعل واو الجماعة.

ويحسن بنا أن نضيف هنا عبارة: يوماً عن يوم، فإنهم يعنون بها التتالي الزمني، ولكن حرف الجر (عن) لا يفيد هذا التتالي، وقد سّماه العرب: حرف جر يفيد التجاوز، يقول سبحانه (الَّذِينَ هُمْ عَنْ صَلَاتِهِمْ سَاهُونَ) يتجاوزون صلاتهم إلى غيرها.

وأما كلمة (بعد) وهي ظرف زمان فإنها تفيد التتالي، لذلك نقول: تزداد مشكلات الحياة يوماً بعد يوم، ولا نقول: تزداد مشكلات الحياة يوماً عن يوم.

7- **تمشياً:**

يرد استعمال هذا الكلمة الآن على الصورة التالية:

1- سيقوم المصنع بإنتاج كميات من الزبدة تمشياً مع حاجات المواطنين.

2- يجب عقد لقاءات عدّة تمشياً مع شؤون قضايانا الشعبية.

وكلمة (تمشياً) أخذت من الفعل (تمشّى) ووزنه تفعّل، وهو مثل: تمنّى، وتحلّى وتدبّر، وهذه صيغ تفيد شدة البذل وجهد النفس، وكلمتنا تمشّياً أو تمشّى أو التمشي تدور معانيها في مجال الماشية أي نبذل جهداً لإكثار الماشية، وقد تعني تكلف المشي، وتحمل صعوبته.

إذن يحل محل هذه الكلمة اللفظ العربي المشهور بربط علاقة شيء بشيء وهو: وفق، أوفاقاً، أو على وفق، فتصبح الجملة:

1- سيقوم المصنع بإنتاج كميات من الزبدة وفقاً لحاجات المواطنين.

2- يجب عقد لقاءات عدة على وفق شؤون قضايانا المتشعبة.

ولعل استشهادنا بالآية الكريمة يعطي وضوحاً أكثر وترسيخاً أشد، قال سبحانه: (لَا يَذُوقُونَ فِيهَا بَرْدًا وَلَا شَرَابًا (24) إِلَّا حَمِيمًا وَغَسَّاقًا (25) جَزَاءً وِفَاقًا (26) إِنَّهُمْ كَانُوا لَا يَرْجُونَ حِسَابًا) والمعنى هو وافق العذاب الذنب، فلا ذنب أعظم من الشرك ولا عذاب أشد من النار.

8- سوف لن:

سوف، حرف يفيد المستقبل، ولن، حرف يفيد المستقبل أيضاً، وفي اللغة العربية لا يدخل الحرف على الحرف إن كان ضمن معنىً واحد، وأظن أن الخطأ تسرب بسبب الترجمة، فتراهم يقولون:

أعلنت منظمة أوبك أنها سوف لن توافق على تدهور الأسعار. لماذا أقحمت كلمة (سوف) في هذه الجملة؟ لا سبب ولا وجاهة لأي سبب، ويكفي أن نستعمل الحرف (لن) ليعني النفي والمستقبل معاً، فالصواب:

أعلنت منظمة أوبك أنها لن توافق على تدهور الأسعار.

فالحرف لن تعطي معنى النفي التأبيدي، وقد ورد في كتاب اللـه استخدام كلمة

(لن) لنفي المستقبل نفياً تأبيدياً، قال سبحانه في سورة الكهف: (لَا مُبَدِّلَ لِكَلِمَاتِهِ وَلَنْ تَجِدَ مِنْ دُونِهِ مُلْتَحَدًا)، وقال سبحانه في سورة الجن (قُلْ إِنِّي لَنْ يُجِيرَنِي مِنَ اللـهِ أَحَدٌ وَلَنْ أَجِدَ مِنْ دُونِهِ مُلْتَحَدًا)، وقال سبحانه في سورة آل عمران:(لَنْ تَنَالُوا الْبِرَّ حَتَّى تُنْفِقُوا مِمَّا تُحِبُّونَ وَمَا تُنْفِقُوا مِنْ شَيْءٍ فَإِنَّ اللـهَ بِهِ عَلِيمٌ) وغير ذلك كثير.

لم ولن، أو (لا ولن) تستعمل الآن بهذه الصورة، أي يعطف أحد الحرفين على الآخر، والحرف لا يجوز أن يعطف على الحرف، يقال:

لم ولن نوافق على هذا المشروع، أو يقال: لا ولن نوافق على هذا المشروع، فإذا لم يكن من ذلك بد فإنا نعطف الجملة على الجملة، فتصبح كما يلي:

لم نوافق على هذا المشروع، ولن نوافق عليه.

9- **كمل وتم:**

لا نجد في الاستعمالات الحديثة للكلمتين (كمل وتم) تمييزاً يوضح لك المعنى المقصود في كل منهما، لا تدري أين الصواب في قولنا: لقد أكلمنا البناء، أو لقد أتممنا البناء، ونقرأ العبارات في الصحف والمجلات والكتب الحديثة فنجدها لا تميز هذه من تلك وذلك مثل:

1- تم اللقاء الأول الساعة الثالثة مساء وتم اللقاء الثاني بعده بساعتين.
2- استكملت اللجنة اللمسات الأخيرة للمشروع قبل يومين من عقد المؤتمر.
3- أراد المشرّع أن يستكمل آخر مواد القانون قبل أن يعيد النظر في موضوع الرهن.

لا يستطيع القارئ أن يحدد المعنى الدقيق لكل من الكلمتين السابقتين، ولا يستطيع أن يعرف من الجمل الموضع الصحيح لكل منهما، فكيف نصل إلى التمييز المنشود بينهما؟

إن مصدرنا الحق في تمييز الكلم بعضه من بعض هو كتاب الله تعالى، وقد ورد في سورة المائدة قوله تعالى: (حُرِّمَتْ عَلَيْكُمُ الْمَيْتَةُ وَالدَّمُ وَلَحْمُ الْخِنْزِيرِ وَمَا أُهِلَّ لِغَيْرِ اللَّهِ بِهِ وَالْمُنْخَنِقَةُ وَالْمَوْقُوذَةُ وَالْمُتَرَدِّيَةُ وَالنَّطِيحَةُ وَمَا أَكَلَ السَّبُعُ إِلَّا مَا ذَكَّيْتُمْ وَمَا ذُبِحَ عَلَى النُّصُبِ وَأَنْ تَسْتَقْسِمُوا بِالْأَزْلَامِ ذَلِكُمْ فِسْقٌ الْيَوْمَ يَئِسَ الَّذِينَ كَفَرُوا مِنْ دِينِكُمْ فَلَا تَخْشَوْهُمْ وَاخْشَوْنِ الْيَوْمَ أَكْمَلْتُ لَكُمْ دِينَكُمْ وَأَتْمَمْتُ عَلَيْكُمْ نِعْمَتِي وَرَضِيتُ لَكُمُ الْإِسْلَامَ دِينًا) .

اشتملت الآية على فرائض في الطعام والأيمان، كما اشتملت على بيان الفضل والنعمة والطمأنينة ويأس الكفار من النيل من المؤمنين، نلاحظ أن كلمة (أكمل) التصقت بالفرائض، واستعملت كلمة أتم مع النعم ومع البشرى والطمأنينة فالإكمال هو الأساس والإتمام فرع عنه، ونذكر من سورة القصص قوله تعالى عن شعيب عليه السلام فيما تقول بعض الروايات وموسى عليه السلام إذ يقول سبحانه: (قَالَ إِنِّي أُرِيدُ أَنْ أُنْكِحَكَ إِحْدَى ابْنَتَيَّ هَاتَيْنِ عَلَى أَنْ تَأْجُرَنِي ثَمَانِيَ حِجَجٍ فَإِنْ أَتْمَمْتَ عَشْرًا فَمِنْ عِنْدِكَ) فالإكمال هو الأساس، والإتمام فضله ومزيد خير، إن رضي موسى بثماني سنوات فلا يجوز له أن ينقض، ولكنه في حلّ من السنتين الأخيرتين إن لم يرغب فيهما، الثماني سنوات تكمل، والسنتان الأخيرتان إتمام

وقال سبحانه في سورة البقرة (وَلِتُكْمِلُوا الْعِدَّةَ وَلِتُكَبِّرُوا اللَّهَ عَلَى مَا هَدَاكُمْ وَلَعَلَّكُمْ تَشْكُرُونَ) فإكمال عدة شهر رمضان أي جميع أيام رمضان فرض، ثم يأتي بيان النعمة بعد ذلك.(وَلِتُكَبِّرُوا اللَّهَ عَلَى مَا هَدَاكُمْ وَلَعَلَّكُمْ تَشْكُرُونَ) والشكر من تمام النعمة.

إذن كاتب الجملة هو الذي يقرر الشيء الذي يريده أساساً وفرضاً، كما يقرر

الذي يريده نعمة وفضلاً ومزيد خير، وأنه وفقاً لهذا المعنى الدقيق نستطيع تقويم ما نقع فيه من خطأ في استعمال الكلمتين (كمل وتم).

10- الظروف: عند، ولدى، وفيما، وبيناً.

ترد هذه الكلمات الثلاث (عند ولدى وبيناً) كظروف مكانية وزمانية، وهي واسعة الاستعمال وشائعة في المجال الإعلامي، ولكنهم يضمّون إليها في استعمال أوسع وشيوع أشد كلمة (فيما)، ولا أدري كيف أقحمت الأقلام كلمة (فيما) مع الظروف وهي لا تتصل بها بأية صلة.

أ. فيما:

يقولون في استعمالها، وربما يكون الاستعمال ناشئاً عن الترجمة:

1- قبل المسؤولون الميدانيون وقف إطلاق النار فيما تجاهلت بعض الجيوب وقفه.

2- توجه الوفد الأول إلى مصر فيما توجه الوفد الثاني إلى المغرب.

فكلمة (فيما) أخذت معنى ظرفياً هو: (في الوقت نفسه)، أو وفي ذلك الوقت... الخ.

لكن لغتنا العربية الفصيحة تنكر هذا التصرف بكلمة (فيما)، فالكلمة جار ومجرور، وحرف الجر هو في والمجرور اسم موصول هو ما، أو اسم استفهام أي ما. وتستعمل كلمة (فيما) على الصور الآتية:

1- أنا أبحث فيما تبحث فيه. (أي في الذي)، كاسم موصول.

2- قال تعالى:(لَوْلَا كِتَابٌ مِنَ اللـهِ سَبَقَ لَمَسَّكُمْ فِيمَا أَخَذْتُمْ عَذَابٌ عَظِيمٌ) أي في الذي.

ب. بينا، وبينما:

هذان الظرفان يحملان نفس المعنى ولكنهما اختلفا باختلاف لهجات القبائل،

وقد ورد كلاهما في حديثين شريفين هما:

قال النبي ﷺ: (بينما رجل يمشي بطريق وجد غصن شوك على الطريق فأخّره فشكر اللـه له). بينما ظرف زمان.

وقال عبد اللـه بن مسعود: (بينا نحن مع رسول اللـه ﷺ في غار إذ نزلت عليه والمرسلات) بينا ظرف زمان.

ج. عند ولدى:

استعمال الكلمة الأولى (عند) أوسع من الثانية، فقد اتفق النحويون على أن (عند) تستعمل للمعاني والأعيان، يقولون: نلتقي عند الغروب، ونتجه إلى المساجد عند سماع الأذان، أما كلمة لدى ففيها شيء من الخلاف، ولكن الترجيح أنها لا تضاف إلا للأعيان، يقولون: لدى الضيف أخبار وأسرار، ولديك علم بالأمر، لأن كاف المخاطب تدل على عين وهو الإنسان.

وهذه أمثلة من كتاب اللـه تعالى تبين الفرق بأجلى صورة:

1- قال سبحانه: (لَوْلَا كِتَابٌ مِنَ اللـهِ سَبَقَ لَمَسَّكُمْ فِيمَا أَخَذْتُمْ عَذَابٌ عَظِيمٌ)، أضيفت عند العين وهو المسجد.
2- وقال سبحانه: (وَأَقِيمُوا وُجُوهَكُمْ عِنْدَ كُلِّ مَسْجِدٍ وَادْعُوهُ مُخْلِصِينَ لَهُ الدِّينَ) ، أضيفت كلمة عند المسجد التي تعني الصلاة في هذا الموضع.
3- وقال سبحانه:(وَأَلْفَيَا سَيِّدَهَا لَدَى الْبَابِ)، أضيفت لدى للعين وهو الباب.
4- وقال سبحانه: (إِنَّ لَدَيْنَا أَنْكَالًا وَجَحِيمًا)، أضيفت للضمير وهو عن لفظ الجلالة.

فهما إذن ظرفان ولكن (عند) للأعيان والمعاني و (لدى) للأعيان، ولم أجد مثالاً على كلمة (لدى) يصح الاستشهاد به أضيفت فيه لدى للمعاني.

ملحوظات مهمة

إذا كان لدى طالب العلم أو القارئ فسحة من الوقت فإنه يستطيع أن يبذل شيئاً من الجهد لمعرفة مواضع الخطأ في الكلمات الآتية ثم لمعرفة مواضع الخطأ في الكلمات الآتية ثم لمعرفة الوجه الصحيح لاستعمالها وفقاً لما يستشهد به من الكلام العربي الفصيح:

1- نفذت جميع الفلوس من جيبي.

2- سوف استبدل الكتاب القديم بالجديد، لأن القديم ممزق.

3- لقد اعتدوا على بعضهم بخشونة.

4- لا نستطيع إنجاز هذا العمل في الوقت الراهن.

5- ومن جانبه قال العضو المنتدب في الجلسة كذا وكذا.

6- بالأمس فقط وجدت الكتاب المفقود منذ أسبوع.

7- تطبق هذه التمرينات لتخسيس الوزن.

8- كانت قريش تجتمع مع قصي في دار الندوة.

9- ظللت أنتظره طيلة النهار.

10- لم نعثر على شيء مناسب لحدّ الآن.

11- لم يوقع على الحل المقترح لغاية الآن.

(بين المتنبي ولغوي خصم)
في مجلس كافور

لقد ابتلي المتنبي بكثرة الخصوم والحسّاد، وقد دعا لذلك استعلاؤه في سلوكه وصلابة شخصيته وعبقريته الشعرية.

وقع لجأ المتنبي في أواخر حياته إلى كافور الإخشيدي، وقد بنى كافور قصراً له ولحاشيته في أثناء إقامة المتنبي بمصر، فلما انتقل إليه جاءه الشعراء وألقوا بين يديه قصائد التهنئة والمباركة، ولكن المتنبي لم يأتِ والتزم الصمت، فعاتبه كافور على تأخره، فجاءه المتنبي في أحد مجالسه التي اعتاد أن يعقدها وألقى بين يديه قصيدة رائعة معتذراً فيها عن تأخره، وكان منها:

إنما التهنئات للأكفاء:	**ولمن يدني من البعداء**
وأنا منك لا يهنئ عضو:	**بالمسرات سائر الأعضاء**
مستقِل لك الديار وإن كان:	**نجوماً آجر هذا البناء**

فقام أحد خصومه يخطئه لقوله (التهنئات) واحتج بأن الكلمة مصدر ولذلك لا يجوز جمعها فعليه أن يقول (التهنئة).

فنظر المتنبي إلى الجالسين ولم ينظر للناقد، وقال: أليس هذا الرجل مسلماً؟ فعجب الحاضرون من هذا السؤال وأظهروا دهشتهم، فأكد المتنبي قوله بسؤال أخر: ألا يقرأ هذا الرجل التشهد في الصلاة؟ يشير المتنبي بذلك إلى كلمة (التحيات) التي يبدأ بها التشهد في الصلوات المفروضة والنافلة، فالرسول ﷺ بدأ التشهد بكلمة التحيات وهو مصدر وهو جمع لكلمة التحية، فالتحية مصدر مفرد وجمعها التحيات فكيف يخطئه إذن؟

تطبيق:

(1)   ماذا يقصد المتنبي بالبيت الثاني: وأنا منك... الأعضاء.

(2)   هل تعرف شعراً للمتنبي يفخر فيه بنفسه ويتعالى كثيراً؟

(3)   ما رأيك بقول بعض العلماء: المصادر لا تثنى ولا تجمع؟

(4)   كلمة (مستقل) أخذت بعداً سياسياً في عصرنا فهل تعني ذلك في البيت الثالث.

(5)   استعمل الكلمات الآتية في ثلاث جمل: الأكفاء، الأكفياء، الأكفّاء.

نقاط إملائية

أسلوب كتابة الكلام العربي:

هو أسلوب بسيط يقوم على السمع، فالحرف الذي يسمع هو الذي يكتب، ولذلك تجد الطفل الذي يدرس اللغة مدة سنتين تجده يكتب أية كلمة يسمعها، إن لفظ الحرف يساعد في أسلوب كتابته، فالكلمة (وقف) تشتمل على ثلاث أحرف، لفظت الثلاثة فكتبت الثلاثة كما سمعت، إننا نلفظ الحرف في العربية لفظاً واحداً، فالفاء هي الفاء، والياء هي الياء، لكنك في لغة أخرى كالإنجليزية تجد شيئاً بعيداً عن هذا، فلفظة (bread) ولفظة (break) ولفظة (meat) تضمّنت المقطع (ea)، ولكنه يلفظ في كل منها لفظاً مخالفاً للآخر، فالقارئ والكاتب مضطران لحفظ الحروف حفظاً لقراءتها وكتابتها، وتجد حرفاً مثل (f) له ثلاث صور للنطق هي: (fiphigh) ولكن الفاء في لغتنا هي الفاء، وتجد أيضاً حروفاً مكتوبة ولكنها لا تنطق، ولو كانت في كلمتين أو ثلاث لهان الأمر، ولكن يستطيع دارس الإنجليزية إن يعطيك مئات الأمثلة، ولذلك يحتاج دارسها لحفظ كل كلمة قبل كتابتها.

إن أسلوب كتابة الكلام العربي ميسّر، ينطق الحرف، فيكتب، والنطق والكتابة توءمان، فالحرف هو هو، والمقاطع هي هي، ولا يوجد شيء خطر في حروف مكتوبة

غير ملفوظة أو العكس، بل الأمر هيّن وسهل.

نقاط تحتاج للاهتمام: لم تخل لغتنا من بعض النقاط الصعبة وهذه النقاط محدودة، وابن السنة الثالثة الابتدائية يكون قد ألمّ بالحروف والمقاطع العربية وتجاوز مرحلة النقاط الصعبة وصار بإمكانه كتابة أي كلمة تملى عليه.

وأهم النقاط الصعبة هي:

(1) الهمزة (2) الألف في آخر الكلمة (3) التاء في آخر الكلمة

(4) كلمات على وزن افتعل تبدأ بالطاء أو الضاد

(5) حروف تحذف أو تضاف ولا تنطق في بعض الكلمات، وإليكم البيان:

(أ) الهمزة

تأتي الهمزة في أول الكلمة أو وسطها أو أخرها، وهذا تفصيل ذلك:

(1) الهمزة في أول الكلمة:

تكتب على ألف، وذلك مثل: الفكر، البلاد، أحمد، أثار. وقد أطلق عليها همزة وصل إذ سقطت عند اتصال الكلام بعضه ببعض. فكلمة (الفكر) إذا سبقت بكلمة مثل: (رجاحة الفكر) تسقط منها الهمزة فتسمى هذه: همزة وصل.

وأما الهمزة التي تلفظ ولو سبقت بكلمة فتسمى همزة قطع، وذلك مثل: أحمد فإنها تثبت ولو سبقت بكلمة مثل: وصل أحمد.

وقد اشتهرت كلمات في اللغة لأنها لا يجوز أن تبدأ إلا بهمزة وصل هي:

(1) كل اسم أوله (ال) التعريف مثل: الكتاب، البلد.

(2) وكلمة ابن وما في مجالها أي ابنه، وابنان، وابنتان، ولكن الجمع أوله همزة قطع (أبناء).

(3) اثنان واثنتان.

(4) وامرؤ وامرأة.

(5) وكلمة (اسم) واسمان واسمين أما جمعها فهمزة قطع (أي أسماء).

(2) الهمزة في آخر الكلمة: لها أربع صور هي:

1-**تكتب على الألف المقصورة مثل:** الشاطئ الدافئ، - لأن الحرف الذي قبلها مكسور.

2-**تكتب على الواو مثل:** اللؤلؤ، يجرؤ – لأن الحرف الذي قبلها مضموم.

3-**تكتب على الألف مثل:** قرأ، بدأ – لأن الحرف الذي قبلها مفتوح.

4-**تكتب على السطر مثل:** البدء، البطء- لأن الحرف الذي قبلها ساكن.

ملاحظة: يرى الإملائيون كتابة الكلمتين: جزءاً بتنوين الفتح على الألف وجزاءً بتنوين الفتح من دون ألف، وذلك للتمييز بينهما، لأنهم لا يستحسنون ألفين وبينهما همزة (جزاءاً).

(3) الهمزة في وسط الكلمة:

ننظر إلى حركة الهمزة المتوسطة وننظر إلى حركة الحرف الذي قبلها مثل: سُئل فحركة الهمزة الكسرة، وحركة ما قبلها الضمة، إذن نكتبها على الياء أي الكرسي أو النبرة فيما يقولون، وهذا هو أسلوب كتابتها:

عند النظر إلى الحركتين تغلب الكسرة، ثم الضمة، ثم الفتحة، وهذه صورها:

1. **على الياء:** تكتب على الياء (أي النبرة أو الكرسي) إذا كانت مكسورة أو ما قبلها مكسوراً مثل: سئل، فئة، مئذنة، يئن.
2. **على الواو:** تكتب على الواو إذا كانت مضمومة أو ما قبلها مضموماً مع غياب الكسرة مثل: سؤال، يؤم، مؤمن، بؤر.
3. **على ألف:** إذا كانت مفتوحة أو ما قبلها مفتوحاً مع غياب الكسرة والضمة مثل: سأل، مدفأة، يسأل.

4. **على السطر:** إذا كانت مفتوحة وما قبلها ألف أو ياء ساكنة أو واو ساكنة مثل: تساءلوا، شيئاً، سوءة، السموءل.

5. **هناك تساهل في كتابة الحروف المكررة مثل:** يطؤهم فأجازوا كتابتها هكذا (يطؤهم - يطئوهم) إنه من نوع التساهل والإجازة، ومثل ذلك يسوؤونهم فأجازوا كتابتها: يسوءونهم، وسبب التساهل تفادي التكرار.

ملاحظة: تساهلوا في كلمة شيئاً وبيئة لأنه يمكن وصل الهمزة مع الحرف السابق.

(ب) الألف في آخر الكلمة:

لها صورتان أولاهما الألف الممدودة وثانيهما الألف المقصورة:

أ- الممدودة:

1. الألف الممدودة كما هي في الكلمات الآتية دعا، دنا، وسبب كتابتها بالألف الممدودة لأن أصل الألف واو، ويعرف ذلك من صيغة المضارع: يدعو ويدنو، أو من صيغ أخرى.
2. الأسماء الأعجمية تكتب بالممدودة مثل: كندا، بولندا، يهودا، موسيقا.
3. الأسماء التي سبقت فيها الألف بياء مثل: الدنيا، العليا، الخطايا.

ب- المقصورة:

تكتب الألف المقصورة في الحالات الآتية:

(1) في كل اسم ثلاثي أو فعل أصل ألفه ياء مثل: قضى، فتى، فالمضارع من قضى: يقضي، ومثنى فتى هو فتيان والجمع فتية فأصل الألف ياء ولذلك تكتب بألف مقصورة.

(2) كل اسم أو فعل اشتمل على أربعة أحرف أو أكثر مثل: فوضى، تداعى، استسقى.

ملاحظة: كلمة يحيى كاسم تكتب بالألف المقصورة، ولكنها كفعل تكتب بالممدود كنوع من التساهل.

التاء والهاء في آخر الكلمة:

من أمثلة التاء المفتوحة في آخر الكلمة: وجدت، سارت، البيت، ومن أمثلة التاء المغلقة في أخر الكلمة: المدرسة، الجامعة، طلحة، دفعة... ومن أمثلة الهاء في آخر الكلمة: اللـه، رسوله، انتبه، فقه.

فالتاء المفتوحة والتاء المغلقة (المربوطة) لكل منهما نقطتان، ولكن الهاء ليس لها نقطتان.

وأقرب أسلوب لتمييز التاء المفتوحة من المغلقة هو الوقف، نقف على كلمة (البيت) بالسكون فإن ثبتت التاء فهي المفتوحة، وإن تحولت إلى هاء فهي التاء المغلقة مثل:

سعيت – عند الوقوف سعيت- إذن هي تاء مفتوحة لأنها ثبتت عند الوقف.

البيت- عند الوقف البيت- إذن هي تاء مفتوحة لأنها ثبتت عند الوقف.

الجامعة- عند الوقف الجامعة- إذن هي تاء مغلقة لأنها تحولت إلى هاء.

عزة- عند الوقف عزة- إذن هي تاء مغلقة لأنها تحولت إلى هاء.

وكلمات مثل عزة، ومدحة ورفعة، هي مصادر اسم المرة واسم الهيئة وجميعها تكتب بالتاء المغلقة (المربوطة)، ولكنهم اعتادوا كتابتها في شهادات الميلاد خطأ أي بالتاء المفتوحة.

الطاء والضاد:

ربما يقع الطاء أو حرف الضاد في أول الفعل الثلاثي مثل طلع، وضرب، فالطاء جزء من الفعل وكذلك الضاد، ومثل ذلك ضرّ وطرد، وغيرها.

إذا صيغ من هذه الأفعال الثلاثية على وزن افتعل فإن التاء تتحول إلى طاء مثل: ضرب – اضترب- اضطرب وقد وجدنا شيئاً من التشويش والبلبلة في كتابة الفعلين:

ضلع، وطلع عندما صيغ منهما على وزن افتعل، ولكن هذا التشويش يزول بتطبيق القاعدة.

ضلع- اضتلع – اضطلع، وتعني تحمل المسؤولية كاملة. طلع – اطتلع- اطّلع وتعنى نظر إلى الأمور متروياً وعرف أسرارها.

حروف تحذف أو تضاف:

هذه بعض الكلمات من لغتنا التي اشتملت على نطق بعض الحروف دون كتابتها أو كتابة بعض الحروف دون نطقها.

(أ) حروف تنطق ولكنها لا تكتب:

1. في أسماء الإشارة حروف تنطق ولا تكتب: هذا، هذان، هؤلاء... إلخ.
2. في الكلمتين: لكن، وداود، لا تلفظ ألف لكن، وتحذف من داود الواو التي تنطق بعد مثيلتها.
3. الحرف (يا) يكتب من دون ألف إذا جاء بعده (أي) مثل يأيها الذين آمنوا.
4. الكلمتان: اللـه والرحمن، تحذف منهما الألف كتابة.

(ب) حروف تكتب ولكنها لا تنطق:

1. الكلمات التي تنتهي بواو الجماعة تكتب الألف مثل: واعتصموا وقالوا ولم يعفوا.
2. في أسماء الإشارة أولئك، تكتب الواو ولا تنطق.
3. الألف في ابن وابنة تكتب ولا تنطق، واللام في الناس والدار وأمثالها تكتب ولا تنطق.

مصادر القضايا اللغوية والنحوية

1- القرآن الكريم.

2- مختصر صحيح مسلم، للمنذري بتحقيق الشيخ ناصر الدين الألباني.

3- المزهر في علوم اللغة للسيوطي.

4- اللغة العربية في وسائل الإعلام د. كامل ولويل.

5- قاموس لسان العرب لابن منظور.

بسم الله الرحمن الرحيم

القضايا النحوية

ما النحو؟ النحو لغة هو القصد والطريق والجهة والمثل والمقدار والنوع، والنحو اصطلاحاً هو: إعراب الكلام العربي، ولذلك سمي النحوي نحوياً لأنه يحرّف الكلام إلى وجوه الإعراب.

لم يكن عند العرب علم له اصطلاحه وقوانينه النحوية حتى أواخر القرن الأول الهجري بل كان العرب يتكلمون بالفطرة والسليقة، لا يعودون إلى كتاب معين، أو دروس منتظمة، وإنما مرجعهم في هذه المعرفة النحوية ما اكتسبوه في بواديهم وصحرائهم من المخاطبات الشفوية وما قرأه عليهم رواة الشعر أو ما أسمعهم إياه الشعراء.

لقد كانوا يعرفون أن الاسم من الأسماء الخمسة يرفع بالواو وينصب بالألف ويجر بالياء، ولكنهم يعرفون ذلك بالتطبيق لا بالتعريف وذكر القواعد.

لقد اهتم العالم اللغوي ابن جني في القرن الرابع الهجري بهذا الأمر، أراد أن يتحقق من استعمال الحركات الإعرابية عند الإعراب، هل كانت عفوية أم كانت

مقصودة وتختلف من موقع إلى موقع، وهو يحدث عن هذا اللقاء الذي عقده مع أعرابي يدعا أبا العساف التميمي، لقيه فسأله: (كيف تقول: ضربت أخوك؟ فقال الأعرابي: ضربت أخاك. وحاولت أن أحرّف لسانه إلى الرفع ليقول أخوك؟ فأبى، وقال: لا أقول أخوك أبداً، قلت: فكيف تقول: ضربني أخوك؟ ورفع بالواو، فقلت ألست زعمت أنك لا تقول أخوك أبداً؟ فقال: إإيش ذا، اختلفت جهتا الكلام) وعلق ابن جني على هذا الموقف بقوله: فهل هذا إلا أدلّ على تأملهم مواقع الكلام وإعطائهم في كل موضع حقه وحصته من الإعراب عن ميزة وبصيرة)[1].

الاختلاط واللحن:

اختلطت في القرن الأول الهجري قبائل العجم وطوائفهم بالقبائل العربية والطوائف العربية، كان الاختلاط في أول القرن ضعيفاً، ثم اشتد كثيراً في النصف الثاني منه، لقد وفدوا إلى المدن الإسلامية لفهم الإسلام ودراسته؛ لأنه أصبح دينهم الجديد، وكانت البصرة والكوفة أشدّ المدن اختلاطاً، ولم تكن هذه القبائل وتلك الطوائف الوافدة قليلة العدد، إنها ألوف تجاور ألوفاً، قال البلاذري: (ثمة طائفة في البصرة يرجع أولها إلى صدر الإسلام، وطائفة أخرى عقدت مع سعد بن أبي وقاص أماناً، وكانوا قد قاتلوا مع رستم من قبل ففرض سعد لهم عطاء واستوطن هؤلاء الكوفة، وأسلموا، وحسن إسلامهم).

هذا الاختلاط أدى إلى اللحن، أي النطق اللفظ العربي على غير وجهه الصحيح واستبدال الحركات الخاطئة بالحركات الصحيحة، وقد يتسامح اللغويون في نطق بعض الكلمات خطأ، كأن تلفظ الحاء في كلمة الأحواز هاء، ولكن لا يستطيعون التسامح في إبدال الحركات الإعرابية في الكلام العربي لاسيّما القرآن الكريم.

قال الجاحظ في باب اللحن في كتابه (البيان والتبيين): أول لحن سمع بالبادية قولهم: هذه عصاتي، وأول لحن سمع بالقرى هو: حيّ على الفلاح.

---

(1)

وذكر الأنباري في كتابه (نزهة الألباء) أنه ارتفع إلى زياد وهو أمير البصرة رجل وأخوه في ميراث، فقال: إن أبونا مات وإن أخينا وثب على ماله فأكله، فقال زياد: الذي أضعت من لسانك أضرّ عليك مما أضعت من مالك، وقال له القاضي: قم في لعنة الله.

وذكر الجاحظ كلمة لأمير المؤمنين عبد الملك بن مروان في اللحن قال فيها: اللحن هجنة على الشريف، والعجب آفة الرأي، والإعراب جمال للوضيع، واللحن أقبح من التفتيق في الثوب النفيس.

واشتد خطر اللحن حتى صار يصيب آيات القرآن الكريم، فقد تلا كتاب الله من لا يجيد القراءة والتلاوة، فأوجس العلماء في أنفسهم خيفة، وأحسّوا بالخطر، ووقع في روعهم أن ظاهرة اللحن قد تفتك باللغة، وتكاد تجمع كتب تاريخ النحو على وقوع اللحن في تلاوة بعض المسلمين، كما يؤيد هذا الإجماع كتب التاريخ الأخرى.

ذكر المؤرخ ابن عساكر في كتابه التهذيب: (إن زياداً ابن أبيه والي العراق لاحظ تفشي ظاهرة اللحن، فبعث إلى عالم البصرة أبي الأسود الدؤلي اللغوي الفقيه وقال له: اعمل عملاً تكون فيه إماماً ينتفع به الناس، ويعرف به كتاب الله، فاستعفاه من ذلك، ولكن الإمام أبا الأسود الدؤلي يسمع من يقرأ قوله تعالى:﴿ وَأَذَانٌ مِنَ اللهِ وَرَسُولِهِ إِلَى النَّاسِ يَوْمَ الْحَجِّ الْأَكْبَرِ أَنَّ اللهَ بَرِيءٌ مِنَ الْمُشْرِكِينَ وَرَسُولُهُ﴾ بجر كلمة رسول، فقال: ما ظننت أن أمر الناس صار إلى هذا، فرجع إلى زياد فقال: أنا أفعل ما أمر به الأمير، فأعطاه الأمير كاتباً فطناً، وقال له أبو الأسود: إذا رأيتني قد فتحت فمي بالحرف فأنقط نقطة على أعلاه فإن ضممت فمي فأنقط نقطة بين يدي الحرف وإن كسرت فاجعل النقطة تحت الحرف، فإن اتبعتُ شيئاً من ذلك غنة فاجعل مكان النقطة نقطتين).

وانطلق العلماء إلى البادية يجمعون أساليب الكلام، كما يجمعون اللفظ والمعنى،

وكان رائدهم في ذلك أبا عمرو بن العلاء وتلاميذه، وتوافر لديهم حصيلة كبيرة، فانتفعوا بها في تأليف المعاجم، وضبط الحركات الإعرابية وغير ذلك.

قيمة الحركة الإعرابية:

لا أظن أن هذا الموضوع غائب عن أبنائنا الطلبة، إنهم بكل تأكيد يعرفون معرفة كثيرة أو قليلة أن الحركات الإعرابية توجه المعاني، ولها أثر قوي في دلالتها، فإذا قرأ أحدهم قوله تعالى: (وَوَصَّى بِهَا إِبْرَاهِيمُ بَنِيهِ وَيَعْقُوبُ) أدرك أن إبراهيم وصّى وكذلك يعقوب وصّى، لأن أثر الضمّة على كلمة يعقوب واضح وقوي، ولو استبدلت الفتحة بالضمّة لاختلف المعنى.

وكذلك إذا قرأ أحدهم قوله تعالى: (إِنَّمَا يَخْشَى اللَّهَ مِنْ عِبَادِهِ الْعُلَمَاءُ) أدرك أن الفتحة على كلمة العلماء والفتحة على لفظ الجلالة (الله) تؤدي إلى أن الخشية صادرة عن العلماء، وبتغيير الحركتين يتغير المعنى.

وقد وجدنا الإمام النحوي جلال الدين السيوطي يعطي للحركة الإعرابية أهمية بالغة في فهم الأفكار والمعاني وتوضيحها وبيانها.

قال السيوطي في كتابه (المزهر): (من العلوم الجليلة التي اختصت بها العربية الإعراب الذي هو الفارق بين المعاني المتكافئة في اللفظ، وبه يعرف الخبر الذي هو أصل الكلام، ولولاه ما ميّز فاعل من مفعول ولا مضاف من منعوت ولا تعجب من استفهام).

وقال: (لو أن قائلاً قال: ما أحسن زيد، غير معرب لم يوقف على مراده، فإذا قال ما أحسن زيداً! أو ما أحسن زيدٍ؟ أو ما أحسن زيدٌ، أبان الإعراب عن المعنى الذي أراده. ويقولون: هذا غلام أحسن منه رجلاً، يريدون الحال في شخص واحد. ويقولون هذا غلام أحسن منه رجلٌ، فهما إذن شخصان، ويقولون: كم رجلاً رأيت؟ في الاستخبار وكم رجلاً رأيت، في الخبر يراد به التكثير). وغير ذلك كثير.

خلاصة القول:

إنه يتبين من الأمثلة القليلة التي ذكرت أن اللغة الفصيحة لا تستغني عن حركات الإعراب، ولذلك نرفض بعض الدعوات التي تنادي بإسكان اللغة، والاستغناء عن الحركات الإعرابية متذرعين بالأساليب الصحفية أو بأساليب اللغة العامية، نرفضها لأن الأساليب الصحفية أو العامية ليست هي اللغة الفصيحة الراقية التي نبتغيها، وقد نقل تراثنا إلينا بشعر راق ونثر فني راق وخطب جيدة، ولم يأت تراثنا إلينا ركيكاً ضعيفاً، وقد وصل تراثنا اللغوي والأدبي إلى أكثر بلدان العالم باللغة الفصيحة، لا بالعامية ولا بالركيكة، وقد أثبت الفقهاء والمفسرون أن كتاب الله لا يفهم إلا بضبط الحركة الإعرابية في كل آية.

الفصل الحادي عشر
علامات الترقيم

د. حسين عبد الحليم

علامات الترقيم

الترقيم، هو وضع رموز مخصوصة في أثناء الكتابة لتعيين مواقع الفصل والوقف والابتداء لتساعد القارئ على فهم الموضوعات التي يقرؤها، وتساعد على تفصيل الكتابة وتنظيمها.

إن القارئ- إذا لم نضع له علامات الترقيم في أماكنها- يكون مضطراً إلى التعثر في القراءة، فتراه عاجزاً عن إعطاء الكلام حقه من النبرات التي يقتضيها كل مقام؟

ولقد طالما فكر الغيورون على اللغة العربية في تلافي هذا الخلل الفاضح خصوصاً بعد امتزاج الأمم ببعضها البعض وشيوع اللغات الأجنبية في بلادنا، فرأوا أن الوقت قد حان لإدخال نظام جديد في كتابتنا تسهيلاً لتناول العلوم وضناً بالوقت الثمين أن يضيع هدراً في تفهم عبارات كان من أيسر الأمور إدراك معانيها لو كانت تقاسيمها وأجزاؤها مفصولة أو موصولة بعلامات تبين أغراضها وتوضح مراميها.

فشرعوا يستعملون في كتاباتهم الرموز الخاصة بالإفرنج.

ثم قيض الله لهذه الأمة علماء تداركوا النقص الحاصل في تلاوة الكتابة فاستنبطوا طريقة لوضع العلامات التي تساعد على فهم الكلام لأغراض الكاتب، وتوضيحاً للمعاني التي قصدها.

وفيما يلي العلامات التي أقرها العلماء وهي:

	اسم العلامة	صورتها
1-	الفصلة أو الفاصلة أو الشولة	،
2-	الفاصلة المنقوطة	؛
3-	النقطة أو الوقفة	.

-4	النقطتان الرأسيتان	:
-5	الشرطة أو الوصلة	-
-6	علامة الاستفهام	؟
-7	الشرطتان أو القوسان	- ( ) -
-8	علامة التنصيص أو التضبيب	()
-9	علامة الحذف	..
-10	علامة التعجب أو التأثر أو الانفعال	!

1- الفصلة أو الفاصلة أو الشولة:

اختار العلماء الشولة اسماً لهذه العلامة للتشابه الحاصل بينها وبين العقرب إذا شالت ذنبها.

ومواقعها كما يلي:

أ- تكون بين الجمل المتصلة المعنى المعطوفة على بعضها التي يتركب منها كلام تام مثل:

قد اشترى منك الكتب، وحملها إلينا، وأخذ الثمن، ولم يوصله إليك.

ب- تكون بين المعطوفات من المفردات التي تفصِّل مجملاً مثل:

الكلام ثلاثة أقسام: اسم، وفعل، وحرف.

المادة ثلاثة أنواع: صلبة، وغازية، وسائلة.

فليس بيني وبينك إلا كتاب الله، وسنة رسوله، ووصية عمر للأشعري.

ج- تكون بين أنواع الشيء وأقسامه مثل:

آية المنافق ثلاث: إذا حدث كذب، وإذا وعد أخلف، وإذا أؤتمن خان.

د- 	بعد المنادى مثل: يا عمرو، إن موعد السفر قد حان.

هـ- 	بين البدل والمبدل منه مثل: حضر بحر الندى والجود، الكريم الذي لا يجري معه حاتم الطائي.

و- 	بين جملتين الثانية صفة أو حالاً أو ظرفاً للأولى مثل: شاهدت الرجل يركب حصاناً، يظهر أنه يسبق الخيل.

2- الفاصلة المنقوطة:

وهذه علامة الوقف الكافي، ويكون بسكوت المتكلم أو القارئ سكوتاً يجوز معه التنفس وأهم مواضعها هي:

أ. 	بين الجمل الطويلة التي يتألف من مجموعها كلام مفيد وذلك ليتمكن القارئ من الاستراحة والتنفس مثل: وجدنا الناس قبلنا كانوا أعظم أجساماً، وأوفر مع أجسامهم أحلاماً، وأشد قوة، وأحسن بقوتهم للأمور إتقاناً؛ وأطول أعماراً، وأفضل بأعمارهم للأشياء اختياراً.

ب. 	بين جملتين بينهما مشاركة في غرض واحد مثل:

خير الكلام ما قل ودل؛ ولم يطل فيمل.

ج. 	بين جملتين إحداهما سبب في حدوث الأخرى، مثل:

وبدأنا بقضايا الناس قبل قضية الخليفة؛ ليصح المجلس للحكم.

حفظ التلميذ درسه؛ فنجح في الامتحان.

اغتر الفريق بقوته؛ لهذا خسر المباراة.

3- النقطة أو الوقفة:

وهي علامة الوقف التام ويكون بسكوت المتكلم أو القارئ سكوتاً تاماً مع استراحة للتنفس.

وتوضع في نهاية كل جملة مستقلة عما بعدها في المعنى والإعراب، مثال ذلك: الحديقة جميلة.

4- النقطتان الرأسيتان:

وهما تميزان ما بعدهما عما قبلهما وتستلزمان وقفة يسرة وتوضعان:

أ.   بعد القول أو ما في معناه مثل:

ب. للفت الانتباه إلى الكلام المنقول بحرفه أو المحكي بمعناه مثل:

سمعت الخطيب يحدث الناس بما معناه: إن الناس يرتكبون الخطايا وهم كذا وكذا..

ج.   بين الشيء وأقسامه مثل:

منهومان لا يشبعان: طالب علم، وطالب مال.

د.   قبل الأمثلة التي توضح قاعدة مثل الأمثلة التي تكتبها بعد كل شرطة أو قاعدة..

هـ   بين الإجمال والتفصيل مثل: اشتريت لوازم السفر: هدايا وحقائب، و... الخ

5- الشرطة أو الوصلة:

وهي من أدوات الربط، وتفيد اتصال الكلام. إذا طال أحد ركنيه، وتوضع:

أ.   بين ركني الجملة إذا طال الركن الأول مثل: إذا أصبح المرء سره كعلانيته، وباطنه كظاهرة يخشى الله ويخافه- فإنه من أهل الصلاح.

ب. بعد العدد في أول السطر مثل:

1-

2-

3-

ج.   بين العدد والمعدود مثل:

في جامعة العلوم التطبيقية كليات عديدة هي:

1- كلية الآداب.

2- كلية الحقوق.

3- كلية العلوم.. الخ.

د. في أول السطر للدلالة على بداية فقرة الحوار. مثل:

– أريد أن أبني بيتاً.

– ألديك القدرة على البناء؟

– نعم.

– متى ستبدأ العمل؟... الخ

6- علامة الاستفهام:

وهي للدلالة على السؤال، وقد يكون السؤال مبدوءاً بأداة استفهام مثل: هل أعددت نفسك للامتحان؟ وقد لا يكون مبدوءاً بأداة استفهام مثل لغة الحوار:

– أنت خائف؟

– أنا؟ وممّ أخاف؟

7- الشرطتان أو القوسان:

وهي علامة الحصر أو العبارات المعترضة وموضوعها في:

أ. حصر معنى عام سابق عليها، أو تحديد مثل:

عرف (سابير) اللغة بأنها نبرات صوتية (تصدرها أعضاء النطق)، أي أن هناك أعضاء خُلقت بطبيعتها للنطق.

ب. شرح معنى غامض سابق عليها مثل: حقق اليونان وحدة لغوية اختاروا لها أفصح اللغات، وهي لغة أيونا (الساحل الغربي لآسيا الصغرى) ولغة أتيكا

(أثينا وضواحيها).

ج. تمثيل لمجمل سابق عليها مثل:

من المميزات العامة للغات الساميّة (العربية والعبرية مثلاً) وجود الجملة الاسمية.

د. الجملة المعترضة تقع بينهما مثل:

سئمت تكاليف الحياة، ومن يعش ثمانين حولاً (لا أبآلك) يسأم.

أتاني (أبيت اللعن) أنك لمتني.

هـ يوضع بينهما الدعاء القصير مثل:

أبو بكر الصدّيق (رضي الله عنه) أول من أسلم من الرجال.

تعرض الإمام أحمد بن حنبل (رحمه الله) للتعذيب والاضطهاد.

8- علامة التنصيص أو التضبيب:

وتفيد حصر الكلام المنقول بنصّه على النحو التالي:

أ- الكلام المقتبس حرفياً مثل آية كريمة أو حديث شريف يقول الله تعالى: (إِنَّا أَنْزَلْنَاهُ فِي لَيْلَةِ الْقَدْرِ....) ويقول الرسول ﷺ: (لا يدخل الجنة من كان في قلبه مثقال حبة من خردل من كبر).

ب- عندما نذكر عنوان كتاب أو موضوع أو قصيدة أو قصّة نضع هذا العنوان بين علامتي التنصيص مثل: رجعت في موضوعي هذا إلى كتاب (الترقيم وعلاماته في اللغة العربية).

من أحسن قصائد شوقي (الأندلسية).

أسهل موضوع عند الطلاب (علامات الترقيم).

ج-   عند الحديث عن لفظة ومناقشة ومعانيها واستخداماتها مثل: مواضع كسر همزة (إنَّ).

د-عند الإشارة إلى مرجع رجعت إليه في بحثك مثل:

(انظر كتاب النحو الوافي ج2 ص 90).

9- علامة الحذف:

عبارة عن ثلاث نقاط تدل على أن هناك كلاماً محذوفاً، وتكون:

أ- للاقتصار على ذكر المهم وغير المهم يحذف وتوضع هذه العلامة عوضاً عنه مثل:

يقول الدكتور مندور: إنني لا أعدل بكتاب (دلائل الإعجاز) كتاباً آخر... فالدلائل يشتمل
على نظرية في اللغة.

ب-   للدلالة على ذكر بعضه مثل:

معظم الأفعال تتكون من ثلاثة أحرف أصلية نحو ضرب، وشرب، وأكل....

ج-   للدلالة على استقباح ذكر المحذوف في الكتب والدواوين.

10-   علامة التعجب أو التأثر أو الانفعال:

وتوضع في آخر الجمل التي تفيد:

أ-   الفرح مثل: يا بشراي فزت بالجائزة!

ب-   الحزن والندبة مثل: وامصيبتاه! وامحمّداه!

ج-   التمنّي مثل: يا ليت لنا مثل ما أوتي قارون!

د-   المدح مثل: حبّذا الكرم!

هـ- الذم مثل: بئس اللئيم!

و- التعجب القياسي مثل: ما أجمل الحديقة!

ز- التعجب السماعي مثل: لله دره شاعراً!

ح- الاستغاثة مثل: وامعتصماه!

ط- الدعاء على مثل: أطال الله عمرك! أيّدك الله!

ي- الدعاء على مثل: الويل للعدو!

ك- وتأتي بعد علامة الاستفهام الإنكاري مثل: أغير الله تدعون؟!

التدريبات

وهي أن يضع الطالب علامات الترقيم المناسبة مكان إشارات الضرب:

التدريب الأول

عدل الخلفاء

جلس المأمون يوماً يفصل في قضايا الناس × وينظر في خصوماتهم × فتقدّم إليه رجل معه رقعة فيها × بسم الله الرحمن الرحيم × هذه شكوى × يا أمير المؤمنين × أرفعها إليك × وأنت الخصم والحكم فيها ×

قال الخليفة × أتشكوني ××

قال الرجل × نعم ×

× وما شكواك ×

× ثلاثون ألف درهم ×

× عجباً لما تقول × وما حقيقة ذلك ×

× إن وكيلك اشترى بها جوهرة حملها إليك × ولم يدفع إليّ الثمن ×

× وكيف تشكوني والظالم غيري ××

× إنه وكيلك الذي ارتضيته ليكون من ولاتك ×

× إنّ دعواك تحتمل أموراً ثلاثة ×

أوّلها × أن يكون الوالي قد اشترى منك الجوهرة × وحملها إلينا ×

والثاني × أن يكون دفعه إليك وأنت تنكره ×

والثالث × أن يكون اشتراها لنفسه × ثمنها عليه × وليس لك أن تشكوني في واحدة من الثلاث ×

× إن اللـه جعلك في أعلى مكان من الرعية × ووكّل إليك شؤون الناس × لترعاها × ولكنه وضع لك شرعاً تسير عليه وتحكمهم بمقتضاه × فليس بيني وبينك إلا كتاب اللـه × وسنّة رسوله × ووصية عمر × رضي اللـه عنه × لأبي موسى الأشعري التي يقول فيها ×× البيّنة على من ادعى واليمين على من أنكر ×× وليست عندي البيّنة التي تؤيد دعواي فلم تبق إلاّ اليمين التي تعفيك ×.

× لك عندي حلفة أحلفها × وإني لصادق فيها × إذ لا أعرف لك حقاً في دعواك ×

× تعال إلى القاضي × ليحكم بيني وبينك ×

ثم دعا الخليفة القاضي × وعقد مجلس القضاء في قصر الخليفة بأمره × وبدأ بقضايا الناس قبل قضية الخليفة × ليصح المجلس للحكم× ثم نادى الخليفة والرجل× وقضى بينهما × وحلف الخليفة اليمين × فأثبت القاضي براءته ×

التدريب الثاني

حكي لابن بشر الآمدي أن ابن علاّن قاضي القضاة بالأهواز، ذكر أنه

رأى حجلة وزنها عشرة أرطال × فقال × هذا محال × فقيل له × تردّ قول ابن علان × قال × فإن قال ابن علان × إنّ على شاطئ جيحون نخلاً يحمل غضاراً صينياً مجزعاً بسواد × أقبل ×

التدريب الثالث

كرم عثمان

أصاب الناس قحط في خلافة أبي بكر الصديق × رضي اللـه عنه × واشتد بهم الأمر فذهبوا إلى الخليفة وقالوا × يا خليفة رسول اللـه × إن السماء لم تمطر × والأرض لم تنبت × وقد توقع الناس الهلاك × فماذا أنت صانع × فقال لهم ×× انصرفوا واصبروا ×× فلما كان آخر النهار ورد الخبر أن عيراً لابن عفّان × رضي اللـه عنه × قد قدمت من الشام وتصبح في المدينة × فلما وصلت خرج الناس يتلقونها × فقال لهم عثمان × ماذا تريدون × فقالوا × رعاك اللـه × نريد مما رزقك اللـه × لأننا أوشكنا على الموت جوعاً ×

فقسّم البضاعة كلها عليهم ×

التدريب الرابع

أبو محجن الثقفي

في معركة القادسية قال أبو محجن وهو مقيّد عند زوجة سعد بن أبي وقاص × أطلقيني × لئن فتح اللـه على المسلمين وسلمت لأرجعنّ حتى أضع رجلي في القيد × فأطلقته وحملته على فرس لسعد × فأخذ الرمح وخرج فقاتل قتال الأبطال × وانتصر على الفرس × فقال سعد × لولا أن أبا محجن محبوس لقلت × الفارس أبو محجن × فلما انتصر المسلمون ورجع إلى محبسه قال له سعد × عجباً لما أرى × أأنت الفارس الذي أبلى بلاء حسناً في المعركة × لله درّك × لا ضربتك في الخمر أبداً × فقال أبو محجن × وأنا و اللـه لا أشربها أبداً × وقال بعض المؤرخين ×× اغترّ الفرس بكثرة عددهم × لهذا خسروا المعركة ××

التدريب الخامس

قال الأديب الناقد ××× لكن المسألة ستظل × على الرغم من الحيثيات × مسألة أعصاب مشدودة كأوتار العود × ومسألة تلويح بالترويح في زمن التنكيد الصريح ××

التدريب السادس

قال هشام بن عبد الملك × ائتوني برجل من أصحاب الرسول × صلى الله عليه وسلم × فقيل له × يا أمير المؤمنين × قد ماتوا × فمن التابعين × فأتي بطاووس اليماني × فلما دخل عليه خلع نعليه × وجلس أمامه بغير إذنه × فقال ×× كيف أنت يا هشام × فغضب هشام وهمّ بعقابه × فقال × ما حَملك على ما صنعت × فقال طاووس × أما قولك لم تكّنني فإن الله عز وجل سمّى أنبياءه وكنّى أعداءه × وقرأ الآية الكريمة ×× (تَبَّتْ يَدَا أَبِي لَهَبٍ وَتَبَّ) ××

التدريب السابع

أ-   قال تعالى ××

ب-   الشمس طالعة × والنسيم عليل × والطيور مغردة × والأزهار ضاحكة ×

ج-   المعروف قروض × والأيام دول × ومن تواني عن نفسه ضاع × ومن قاهر الحق قهر ×

التدريب الثامن

يقول عنترة ×

وإذا شربت فإنني مستهلك مالي × وعرضي وافر لم يثلم

ويقول امرؤ القيس ×

ولو أن ما أسعى لأدنى معيشة كفاني × ولم أطلب × قليل من المال

ويقول زهير ×

ومهما تكن عند أمرئ من خليفة وإن خالها تخفى على الناس × تعلم

التدريب التاسع

كان بديار مصر أبراج للحمام الرسائلي الذي ينقل البطائق في أجنحته من مدينة إلى أخرى × منها × برج بقلعة الجبل بالقاهرة × وهو المركز العام الذي ينطلق منه الحمام إلى سائر الجهات × وأبراج بطريق الشام × بمدينة بلبيس × والصالحيّة × وغزّة × وغيرها × وأبراج بطريق الإسكندرية × في المدن الواقعة على الفرع الغربي لنهر النيل × وأبراج لخدمة الصعيد × إلى أسوان × وإلى عيزاب ×

التدريب العاشر

طلب بعض الملوك كاتباً × فقال للملك × أصحبك على ثلاث خلال × ما هي ×
× لا تهتك لي ستراً × ولا تشتم لي عرضاً × ولا تقبل فيّ قول قائل ×
× هذه لك عندي × فمالي عندك ×
× لا أفشي لك سراً × ولا أؤخر عنك نصيحة × ولا أؤثر عليك أحداً ×
× نعم الصاحب المستصحب أنت ×

المراجع

1) الترقيم وعلاماته في اللغة العربية، أحمد زكي باشا، ط3، مكتبة التوعية الإسلامية، مصر 1988.

2) فن التحرير العربي، د. محمد صالح الشنطي، دار الأندلس للنشر والتوزيع، حائل المملكة العربية السعودية.

3) القواعد الأساسية في النحو والصرف، يوسف حمادي، محمد الشناوي، محمد عطا 1971، القاهرة، الهيئة العامّة لشؤون المطابع الأميرية.

محتويات الكتاب

Printed in the United States
By Bookmasters